Erich Schwinge

Churchill und Roosevelt

aus kontinentaleuropäischer Sicht

2. ergänzte Auflage

N. G. Elwert Verlag Marburg

CIP-Kurztitelaufnahme der Deutschen Bibliothek

Schwinge, Erich:
Churchill und Roosevelt aus kontinentaleuropäischer Sicht / Erich Schwinge. – 2., erg. Aufl. – Marburg: Elwert, 1983.
ISBN 3-7708-0760-X

Printed in Germany
Druck: Druckerei Kempkes, Offset- und Buchdruck GmbH, Gladenbach
® by N. G. Elwert Verlag, Marburg 1982

Vorwort zur 1. Auflage

Das Schrifttum über die beiden angelsächsischen Staatsmänner bedurfte seit langem von deutscher Seite einer Ergänzung. Bestimmten Themen wird im angelsächsischen Schrifttum bewußt aus dem Wege gegangen. Dies gilt vor allem für die völkerrechtliche und moralische Bewertung der britischen und amerikanischen Luftkriegführung. Churchill hat dem Bombenkrieg durch seine Direktive vom 14. Februar 1942 eine gegen die Zivilbevölkerung gerichtete Wendung gegeben und damit sein Land auf einen Weg geführt, auf dem rund 600.000 Nichtkombattanten (darunter unzählige Frauen und Kinder) zu Tode gekommen sind. Roosevelt hat sich dieser Luftkriegführung im Januar 1943 in Casablanca angeschlossen.

Von der völkerrechtlichen und moralischen Seite der Angelegenheit ist weder in den einschlägigen Biographien noch in den amtlichen britischen Darstellungen des Luftkriegs die Rede. Sie wird einfach ausgeklammert. Das ist eine eigenartige Form, Zeitgeschichte zu treiben.

Hier wäre deutscherseits längst ein ergänzendes Wort fällig gewesen. Wenn die Fachhistoriker sich bisher nicht geäußert haben, so lag das vermutlich daran, daß in den Fragenkomplex Probleme des Kriegsvölkerrechts hineinspielen, die ohne juristische Sachkunde nicht zu beurteilen sind.

Darüber hinaus aber war es höchste Zeit, einmal allgemein zu untersuchen, wie das Wirken Churchills und Roosevelts vom europäischen Kontinent her zu beurteilen ist. Alexander Solschenizyn hat bekanntlich von diesem Standpunkt aus ein vernichtendes Urteil über beide gefällt. War dieses Verdikt begründet? Ob es der Fall war, wird in der vorliegenden Schrift geprüft.

Bei der Darstellung des alliierten Bombenkriegs mußte der Verfasser einiges wiederholen, was er schon in seiner »Bilanz der Kriegsgeneration« (8. Auflage 1982) ausgeführt hat. Der Gegenstand verlangte aber eine umfassendere Untersuchung als sie bisher erfolgt ist. Durch die Veröffentlichungen der letzten Zeit wurde endgültig klargestellt, wer die Verantwortung für diese Pervertierung der Kriegführung trägt, und das mußte endlich im deutschen Schrifttum Ausdruck finden.

Mit Nachdruck möchte der Verfasser auf eines hinweisen: Was auf alliierter Seite geschehen ist, kann das, was Deutschen angelastet werden muß, weder rechtfertigen noch entschuldigen. Ihm liegt es ferne, etwas von dem, was jeden Deutschen bedrückt, decken oder beschönigen zu wollen. Es ist das Thema dieser Arbeit, das zur Beschränkung darauf zwingt, was auf der Gegenseite geschehen ist.

Die Wahrheit ist unteilbar, und mit Rücksicht auf sie mußte manches zur Sprache gebracht werden, was bisher überhaupt nicht oder unzulänglich behandelt worden ist. Der Verfasser hält es mit George F. Kennan, dem bedeutenden amerikanischen Diplomaten und Historiker, der in seinen Memoiren gesagt hat: »Wenn die Geschichte über die Grausamkeiten dieses Krieges ihr Urteil fällt, wird sie zwischen Siegern und Besiegten nicht unterscheiden«.

Landgerichtspräsident a. D. Ottfried Keller in Marburg hat das Manuskript dieser Arbeit durchgesehen. Für seine Kritik und seinen Rat schulde ich ihm großen Dank.

Marburg, im August 1982   Erich Schwinge

Vorwort zur 2. Auflage

Im Vorwort zur 1. Auflage wurde darauf hingewiesen, daß das, was den beiden angelsächsischen Staatsmännern angelastet werden muß – insbesondere ihre völkerrechtswidrige Luftkriegführung –, im Schrifttum ihrer Völker unterdrückt wird. Es kommt hinzu, daß es der angelsächsischen Propaganda gelungen ist, in die Köpfe der Deutschen Meinungen hineinzubringen, die der Wahrheit zuwiderlaufen und deshalb bekämpft werden müssen.

Dafür nur folgende Beispiele: Wenn der Verfasser im Gespräch mit Landsleuten auf die angelsächsische Luftkriegführung mit ihren Hunderttausenden von Opfern unter der Zivilbevölkerung zu sprechen kam, wurde ihm jedesmal erwidert: »Aber wir haben damit in Coventry angefangen!«. Daß im britischen Schrifttum längst das Gegenteil zugegeben worden ist, war meinen Gesprächspartnern nicht bekannt.

Ähnlich verhält es sich mit der Frage, ob es im Oktober 1939 eine ernsthafte Chance zur Aufnahme von Friedensverhandlungen gegeben habe. Jedesmal bekommt man zu hören, mit dem Einmarsch in Prag habe Hitler jeden Kredit eingebüßt, es sei deshalb in Großbritannien auch niemand bereit gewesen, mit ihm zu verhandeln. Ein Blick in die Verhandlungen des Unterhauses vom 12. Oktober 1939 beweist schlagend das Gegenteil. Es waren Churchill und seine Gruppe, die diese Chance damals zerstört haben. Kaum jemand weiß das bei uns.

Die Wahrheit hat es in unserem Lande schwer sich durchzusetzen. Möchte die vorliegende Schrift dazu beitragen, daß einige der Irrtümer, die sich in den Köpfen der Menschen festgesetzt haben, daraus verschwinden.

Marburg, im März 1983   Der Verfasser

Inhalts-Verzeichnis

Einleitung   1

CHURCHILL

I. Seine Persönlichkeit   3
   1. Urteilsvermögen (»judgment«)   3
   2. Vertrauen erweckend?   6
   3. Eingleisig im Denken   8
   4. Unausgeglichen   10
   5. Der Premierminister   14

II. Churchills Außenpolitik   16
   1. Vereitelung eines Kompromiß- und Verständigungsfriedens   16
   2. Der Bruch der Atlantik-Charta   20
      a. Polen   21
      b. Deutschland   22
      c. Jugoslawien   26
   3. Die Fehleinschätzung Stalins   27
   4. Kursänderung?   28
   5. Churchills außenpolitische Fehlgriffe insgesamt   29

III. Die Kriegsverbrechen, für die er Verantwortung trägt   33
   1. Der Überfall auf die französische Hochseeflotte   35
   2. Die britische Luftkriegführung   36
      a. Die Bombardierung Hamburgs   41
      b. Die Zerstörung Dresdens   43
      c. Modernes Barbarentum   45
      d. Die britische Luftkriegführung vor dem Forum des Völkerrechts und der Moral   47
         aa. Der Standpunkt des Völkerrechts   47
         bb. Das Votum der Moral   51
         cc. Der Ruf nach Kriegsverbrecherprozessen   56
         dd. Churchills Einstellung zu den Opfern der Terrorangriffe   57
         ee. Das Verhalten der britischen Offiziere   62

IV. Die Auslieferung der Russen   65

V. Das Versagen in der Judenfrage 71
VI. Das Schuldkonto 78

ROOSEVELT

I. Seine Persönlichkeit 82

II. Roosevelts Außenpolitik 89
    1. Die Klausel von der bedingungslosen Kapitulation 90
    2. Der Bruch der Atlantik-Charta 91
    3. Roosevelt und Stalin 92
    4. Seine Einstellung zum Krieg als Mittel der Politik 94
    5. Eine gescheiterte Außenpolitik 98

III. Das Schuldkonto 98

Abschließende Wertung 99

Einleitung

Die Welt, in der wir heute leben, ist politisch wesentlich von Winston S. Churchill (1874–1965), Franklin D. Roosevelt (1882–1945) und Josef Stalin (1879–1953) gestaltet worden. Daß Stalin für sein Land und den Kommunismus viel geleistet und erreicht hat, wird niemand bestreiten können. Auch Churchill und Roosevelt gelten in ihren Ländern und der Welt des Westens als große Staatsmänner, die sich nicht nur um ihr Vaterland, sondern um die ganze westliche Welt verdient gemacht haben. Es ist aber zu fragen, ob diese Einschätzung gerechtfertigt ist, besonders vom kontinentaleuropäischen Standpunkt aus.

Im Jahr 1948 befragte Professor Arthur Schlesinger von der Harvard University 55 Experten über ihre Meinung von den amerikanischen Präsidenten von Washington bis Franklin D. Roosevelt, und im Jahr 1962 wiederholte er diese Meinungsumfrage bei 75 Experten für die Präsidenten von Washington bis Eisenhower. In diesen »Schlesinger Polls of Presidential Greatness« erschien Franklin D. Roosevelt beide Male in der Rubrik der »Großen Präsidenten«, und zwar übereinstimmend nach Abraham Lincoln und George Washington an 3. Stelle (an 4. und 5. Stelle folgten in beiden Meinungsumfragen Woodrow Wilson und Thomas Jefferson, in der Umfrage von 1948 wurde als 6. »großer Präsident« außerdem Andrew Jackson genannt). Entsprechendes Ansehen genießt Franklin D. Roosevelt in allen Ländern der westlichen Welt.

Ähnlich hohe Einschätzung wird Winston Churchill zuteil. War seine Beurteilung bis zum Ausbruch des Zweiten Weltkrieges uneinheitlich, überwiegend sogar kritisch und ablehnend, so trat rasch eine Änderung ein, nachdem er am 10. Mai 1940 das Amt des Premierministers übernommen hatte. Clement Attlee (1883–1967), fünf Jahre sein Stellvertreter und später sein Nachfolger im Premierministeramt (1945–1951), äußerte nach dem Kriege im Rückblick, Churchill sei der größte »War-Leader« gewesen, den Großbritannien jemals erlebt habe. Tausende, ja sogar Millionen seien durch ihn auf geheimnisvolle Weise moralisch gestärkt und aufgerichtet worden. Ähnlich lautete das Urteil von Charles de Gaulle. Churchill sei wie kein anderer zur Aktion, zum Wagnis und zu unerschrockener Verfolgung seiner Ziele geschaffen gewesen. Seine Position als Führer und Chef habe er vortrefflich ausgefüllt: »Vor jedem Publikum verschaffte ihm der originelle, poetische und packende Strom seiner Ideen, Gründe und Gefühle einen fast unwiderstehlichen Einfluß«. Auch Robert Gordon Menzies (1894–1974), der langjährige australische Ministerpräsident (Premierminister 1939–1941 und 1949–1966), sah in Churchills unbändigem Aktionsdrang den hervorstechenden Zug seines Wesens: »He had a fire in his belly«. Auf die ihm eigene Dynamik vertrauend habe er niemals am Endsieg gezweifelt.

Einige seiner Landsleute haben Churchill noch höher eingestuft. Lord Kilmuir (als Sir David Maxwell Fyfe britischer Hauptankläger im Nürnberger Kriegsverbrecherprozeß und später im Kabinett Churchill Minister) bezeichnete ihn 1964 in seinen Memoiren als einen der größten Engländer aller Zeiten: »Er war unvergleichlich; im öffentlichen Leben Großbritanniens hat es seit Chatham niemand gegeben, der ihm an gedanklicher Fruchtbarkeit und Originalität, leidenschaftlichem Patriotismus, tiefer Weisheit, Umfang an Erfahrung ..., unerschütterlichem Optimismus, totaler Unbestechlichkeit und grenzenlosem physischen und moralischen Mut gleichgekommen wäre«. Lord Longford (als Lord Pakenham Mitglied des Kabinetts Attlee) schrieb 1973 in dem von ihm und dem Historiker Wheeler-Bennett herausgegebenen Buch »The History Makers«, Churchill werde für viele Jahre, vielleicht sogar für immer, als der größte Engländer des 20. Jahrhunderts angesehen werden. Edward Marsh, langjähriger Privatsekretär Churchills, war der Meinung, Churchill sei – mit möglicher Ausnahme von König Alfred (849–899) – unbestreitbar die größte Figur der englischen Geschichte. General Ismay, einer der nächsten Mitarbeiter Churchills, äußerte in seinen Erinnerungen, Churchill sei der größte Engländer seiner Zeit, vielleicht sogar aller Zeiten. Dieses enthusiastische Urteil deckt sich mit dem, das Dean Acheson, der Außenminister des Präsidenten Truman, über Churchill gefällt hat: er müsse als die größte öffentliche Gestalt unseres Zeitalters betrachtet werden; man sei gezwungen, Jahrhunderte zurückzugehen, um auf eine Gestalt gleichen Kalibers zu stoßen.

Diesen Urteilen steht freilich eine große Anzahl kritischer Stimmen gegenüber, die bis in die Zeit des Ersten Weltkrieges zurückreichen, und zwar großenteils von Menschen, die Churchill aus täglichem Umgang genau gekannt haben. In dem Meinungsstreit, der über ihn entbrannt ist, hat sich aber gezeigt, daß es außerordentlich schwer ist, den Mythos zu durchbrechen, mit dem Churchills Person umgeben worden ist. »He had to remain a god«, hat einer seiner Kritiker geklagt. –

Ob die geschilderte ungewöhnlich hohe Einschätzung Churchills und Roosevelts als Politiker und Menschen berechtigt ist, soll im folgenden untersucht werden.

CHURCHILL

I. Seine Persönlichkeit

Der Verfasser hat an anderer Stelle gezeigt[1], daß in der Person des politisch führenden Menschen ein bestimmter Intelligenzgrad gegeben sein muß, daß es aber auch auf Willensfaktoren ankommt, die sich mit Intelligenz- und Charaktereigenschaften verbinden müssen, um Höchstleistungen zu erbringen.

Es ist nicht zu bezweifeln, daß Winston Churchill ein Mann von hoher Intelligenz war. Er besaß die Gabe rascher Auffassung, war mit einer ungewöhnlichen Formulierungsgabe ausgestattet, galt als großer Redner und Debatter und wurde als Meister der englischen Sprache angesehen. Einige seiner Bücher gehören zu den Spitzenleistungen des modernen englischen Schrifttums; dies gilt vor allem für seine Memoiren aus der Zeit des Ersten Weltkrieges.

Diese gewiß alles andere als alltägliche Intelligenz wies jedoch in mehrfacher Hinsicht Mängel auf: 1. es fehlte ihrem Träger – nach weitverbreiteter Ansicht – »an »judgment« (Urteilsvermögen); 2. es fehlte ihm an festen Grundsätzen, auf die man vertrauen konnte; 3. bei Behandlung der großen politischen Probleme machte sich sehr nachteilig ein Mangel an Flexibilität bemerkbar; 4. er war von gefährlicher Impulsivität.

1. Urteilsvermögen (»judgment«)

Von prominenten Politikern ist Churchill immer wieder »judgment« (Urteilsvermögen) abgesprochen worden. Diese Eigenschaft ist aber unerläßliche Vorbedingung für schöpferische staatsmännische Leistungen.

Die Psychologen verstehen unter »Intelligenz« die Fähigkeit, vorgelegte Denkforderungen (soziale Aufgaben) rasch zu erfassen, geistig zu durchdringen und fruchttragend in die Wirklichkeit umzusetzen. Diese Fähigkeit haben viele bei Churchill vermißt. Zu denen, die sich in dieser Hinsicht kritisch geäußert haben, gehören drei der Premierminister, mit denen oder unter denen er Minister war. Das muß bei seiner Beurteilung naturgemäß schwer ins Gewicht fallen.

So sagte z. B. Herbert Asquith (1852–1928, Premierminister von 1908–1916) von Churchill: »He has genius without judgment«. Er – Churchill – habe immer nur **einen** Aspekt vor Augen, und die Glut seiner Visionen strahle eine gefahrvolle, ja ›verrückte‹ Faszination aus. Man höre ihn an, die Entscheidung werde aber immer durch »wiser men« gefällt.

---

[1] In seinem Buch: »Der Staatsmann. Anspruch und Wirklichkeit in der Politik«. München 1983.

Mangel an judgment sagte ihm auch Neville Chamberlain (1869–1940, Premierminister von 1937–1940) nach, ebenfalls jahrelang Ministerkollege von Churchill. Am 12. August 1928 schrieb er an Lord Irwin, den späteren Lord Halifax, auf den Bänken der Opposition könne dieser Mann kein Unheil anrichten, innerhalb der Regierung sei er gefährlich.

Besonders beeindruckend ist das Urteil seines einstigen Ministerkollegen und Premierministers Stanley Baldwin (1867–1947, Premierminister 1923, 1924–1929 und 1935–1937). Er kannte Churchill aus vieljähriger Zusammenarbeit genau. Am 22. Mai 1936 schrieb er über ihn: »Ich möchte sagen, daß bei seiner Geburt Feen Gaben auf Gaben über seiner Wiege ausgeschüttet haben – Einbildungskraft, Beredsamkeit, Fleiß, Talent –, dann aber ist eine Fee gekommen und hat gesagt, niemand habe einen Anspruch auf so viele Gaben, und hat ihn aufgerichtet und derart geschüttelt und gerüttelt, daß ihm Urteilsvermögen und Weisheit vorenthalten geblieben sind«. »Aus diesem Grunde«, sagte Baldwin abschließend, »nehmen wir auch seinen Rat nicht an, so gern wir ihn im Parlament reden hören«.

Ähnlich hatte sich im April 1924 die »Times« geäußert: Urteilsvermögen (judgment) sei nicht die bedeutendste unter Churchills bemerkenswerten Gaben. Am 6. Januar 1940 kamen sogar Anthony Eden Zweifel, ob Churchill jemals Premierminister werden könne – wo sich doch in bestimmten Angelegenheiten (Irland und Indien) sein »judgment« als so schlecht erwiesen habe.

> Was Auffassungsgabe und die Fähigkeit betraf, bei einer Diskussion rasch die Kernpunkte zu erfassen, so war ihm Lloyd George übrigens überlegen. B. Liddell Hart, der beide genau kannte, hat in seinen »Lebenserinnerungen« geschrieben: »Diese raschere Auffassungsgabe dürfte einer der Gründe gewesen sein, weshalb Lloyd George im allgemeinen Churchill in den Schatten stellte, wo immer beide zugegen waren. Das zu sehen war erstaunlich, denn in jeder anderen Gesellschaft dominierte Churchill«. Dieser gab die Überlegenheit Lloyd Georges aber freimütig zu. Zwischen ihnen habe ein Verhältnis wie zwischen Lehrer und Schüler, Herrn und Diener bestanden, und er – Churchill – habe dabei immer die Rolle des Dieners und Schülers gespielt.

Als Churchill nach dem Zweiten Weltkrieg von einigen Autoren die Tugend der Weisheit zugesprochen worden war, erhoben die Historiker A. J. P. Taylor und Robert Rhodes James Widerspruch. Das, was das Wesen der Weisheit ausmacht – tiefere, abgeklärte, vorausschauende Klugheit, über den Dingen Stehen und Einstellung auf alles, was werthaltig ist – fanden sie bei Churchill nicht verwirklicht.

Das zusammenfassende Urteil von Robert Rhodes James lautet deshalb: »Churchill besaß viel Einbildungskraft, und er war allezeit fruchtbar in Ideen und Plänen. Im Vergleich mit Gladstone, Disraeli, Salisbury und sogar Palmerston ist aber ein Mangel an politischer Tiefe, Verständnis und Weisheit zu konstatieren. Er bewegte sich auf der Oberfläche«.

Daß der intellektuellen Leistungsfähigkeit dieses Premierministers Grenzen gesetzt waren, blieb seiner Umgebung natürlich nicht verborgen. Am 11. Dezember 1939 hielt B. Liddell Hart (1895–1970, Militärschriftsteller von Weltruf) folgenden Eindruck in seinem Tagebuch fest: »Winston Churchill macht zuviel Worte und ist im Erfassen von Problemen unsicher; manchmal äußert er sich so verschwommen, als ob er zuviel getrunken hätte«. In den Kabinettssitzungen fiel auf, daß es ihm häufig nicht gelang, den Kern der Probleme zu erfassen und sich bei deren Erörterung auf das Wesentliche zu beschränken. Statt sich auf das zu konzentrieren, worauf es ankam, pflegte er sich im Kabinett immer wieder in lange Ausführungen über Nebenpunkte zu verlieren. Damit ging er seinen Kollegen und Mitarbeitern auf die Nerven. Anfang 1945 legte sein Stellvertreter Attlee förmlich Protest gegen Churchills Gewohnheit ein, ständig Zeit und Geduld seiner Kollegen durch Reden zu strapazieren, die mit dem Beratungsgegenstand wenig oder gar nichts zu tun hatten.

Am 22. Februar 1945 trug der aus dem diplomatischen Dienst hervorgegangene Ständige Unterstaatssekretär im Foreign Office Sir Alexander Cadogan (1884–1968) in sein Tagebuch ein: »Der P.M. kann nicht ›Ja‹ oder ›Nein‹ sagen. Stattdessen hält er eine lange Rede, von der er fünf Minuten später eine im Wortlaut leicht veränderte Fassung produziert .. Ich sehne mich nach dem armen, alten Neville Chamberlain. Er verstand die Geschäfte zu führen! .. Wie sind wir nur mit dem Krieg fertig geworden, mit dem P.M., der seine eigene Zeit und die der anderen Leute mit Geschwätz vertut, jeden roten Hering willkommen heißend, nur um das Vergnügen zu neuer irrelevanter und überflüssiger Rederei zu haben!«. Und auf der Konferenz von Potsdam notierte am 18. Juli 1945 der gleiche Beobachter: »Winston Churchill platzt bei jeder Gelegenheit in die Diskussion hinein, schwätzt den größten Unsinn (›the most irrelevant rubbish‹) und bringt unseren Standpunkt dauernd in Gefahr«.

Im Laufe des Krieges wurde diese Geschwätzigkeit für alle, die mit Churchill täglich zu tun hatten, immer lästiger. Am 2. Oktober 1943 hielt General Sir Henry Pownell nach einem Wochenendbesuch in Chequers folgendes in seinem Tagebuch fest: »Eine fürchterliche Menge an Zeit wurde dadurch verschwendet, daß wir zuhören mußten, wie der Premierminister sich – unter oftmaliger Wiederholung – über Gegenstände verbreitete, die von keinem großen Interesse für uns waren«. »Der Premierminister zeigt, daß er alt ist«, heißt es bei dem General weiter, »indem er sich jetzt soviel wiederholt. Er belastet die Zeit anderer mehr denn je, und er hört sich weniger denn je an, was andere ihm zu sagen haben«.

Um die gleiche Zeit – am 5. Oktober 1943 – äußerte sich Sir Alexander Cadogan ähnlich. In seinem Tagebuch ist zu lesen: Der Premierminister möge ein guter Führer in Kriegszeiten sein, seine Aufgabe als Vorsitzender des Kabinetts fülle er aber denkbar schlecht aus. Er – Cadogan – habe noch nie eine so klägliche Verhandlungsführung erlebt.

Ein Vermerk von General Sir Henry Pownell läßt erkennen, wie stark diese Mängel mit fortschreitender Kriegsdauer in Erscheinung traten: »Er ist ein schlechterer Zuhörer denn je, vor allem, was Neuigkeiten betrifft, die ihm unwillkommen sind«. Er interessiere sich zunehmend für die taktischen Details militärischer Operationen, während doch die große Politik sein eigentliches Betätigungsfeld sei.

Es blieb seiner Umgebung nicht verborgen, daß er den Verwaltungsapparat nicht beherrschte und wenig administrative Initiative entfaltete. Man empfand zunehmend seine Oberflächlichkeit und spürte, daß Arbeitsenergie und Arbeitseifer bei ihm laufend nachließen. Auf die Konferenz von Potsdam ging Churchill nach Mitteilung von Sir Alexander Cadogan so gut wie unvorbereitet. Das fiel auch Admiral Leahy, dem militärischen Berater des Präsidenten Roosevelt, auf. Churchill war damals nicht dazu zu bringen, sich mit den Akten vertraut zu machen. Während der Beratungen kamen mehrfach Fragen zur Erörterung, bei denen er nach Beobachtung Leahys nicht wußte, worum es ging.

2. Vertrauen erweckend?

Von einem Staatsmann verlangt man, daß sein Verhalten berechenbar ist. Diese Berechenbarkeit setzt voraus, daß sein Tun von Prinzipien beherrscht ist, auf die man sich verlassen kann.

Winston Churchill ließ häufig feste Grundsätze vermissen. Klar ausgesprochen hat das schon der deutsche Altreichskanzler Heinrich Brüning. Churchills Meinungen, sagte er nach einer Unterredung, seien »nicht stabil«.
Für diese Unstabilität auf Grund deren sich Churchill ständig in Widersprüchen bewegte, nur folgende Beispiele:

Am 17. September 1934 äußerte er zu Heinrich Brüning: »Deutschland muß wieder besiegt werden, und dieses Mal endgültig!«. Im August 1938 bekam Brüning von ihm zu hören: »Was wir wollen, ist, daß die deutsche Wirtschaft vollkommen zusammengeschlagen wird!«. Im September 1944 erklärte er sich auf der Konferenz von Quebec für den Morgenthau-Plan, das heißt für die Zerstörung der deutschen Industrie und die Umwandlung Deutschlands in einen

Agrarstaat. – Nach dem Kriege predigte er, man müsse den einstigen Gegner großzügig behandeln, und das bedeutete die Aufgabe aller Vernichtungs- und Auslöschungspläne.

1938 führte er in einer Rede aus, er sei gegen Bombardierung von Wohngebieten. In einem im gleichen Jahr erschienenen, in Millionen von Exemplaren verbreiteten Zeitungsartikel beteuerte er, Flugzeugbesatzungen, die auf die Zivilbevölkerung Bomben abwürfen, könne man nur als »accursed murderer« (ruchlose Mörder) bezeichnen. Noch keine vier Jahre danach stellte er die Luftkriegsführung der Royal Air Force auf Terrorangriffe um, deren Hauptangriffsziel eben die Zivilbevölkerung war.

Auf der Konferenz von Teheran (28. November bis 1. Dezember 1943) regte er sich über den Vorschlag Stalins auf, 50.000 Angehörige der deutschen Führungsschichten ohne vorgängige Aburteilung kurzerhand zu erschießen. Ein Jahr danach schlug er selber vor, die deutschen »Top-Criminals« ohne gerichtliches Verfahren einfach an die Wand zu stellen und hinzurichten, und er begründete diese Prozedur damit, daß man sie nicht in den Genuß der prozessualen Sicherungen (Verteidiger, Kreuzverhör usw.) kommen lassen dürfe.

In der Atlantik-Charta vom 14. August 1941 legte Churchill sich und sein Land feierlich auf den Grundsatz fest, es solle in Zukunft keine territoriale Veränderung mehr gegen den Willen der betroffenen Bevölkerung geben. Auf der Konferenz von Teheran, zwei Jahre später, verfügte er über große Teile Polens und des Deutschen Reichs, ohne sich um den Willen der betroffenen Menschen oder ihrer Regierungen zu kümmern.

In dieser Weise zieht sich durch die öffentlichen Erklärungen Churchills eine Kette von Widersprüchen. Man kann beinahe für jede Äußerung eine Gegenäußerung ausfindig machen. Es fehlte ihm an klaren Linien. Kein Wunder, daß dieses Hin- und Herschwanken dem Vertrauen zu ihm abträglich war.

Den Tiefstand hatte sein öffentlicher Kredit in den 30er Jahren erreicht. Das wird von vielen britischen Politikern bezeugt. Diese Entwicklung hatte aber schon vor dem Ersten Weltkrieg eingesetzt.

1911 hielt ihm Edward Carson (1854–1935) vor, er sei kein ernstzunehmender, verläßlicher Politiker, zu dem die Mehrheit des Volkes Vertrauen habe.

Von Premierminister Asquith ist eine ähnliche Äußerung aus dem Jahr 1915 überliefert.

Lloyd George, damals noch Churchills Ministerkollege, äußerte am 24. Mai 1915 zu seiner Sekretärin (die diese Äußerung in ihrem Tagebuch festgehalten hat): »Winston Churchill hat nicht das Vertrauen einer einzigen Partei, eines einzigen Kabinettskollegen gewonnen«.

Premierminister Bonar Law war der Überzeugung, daß Churchill zwar ein Mann von großer Energie und glänzender Rednergabe sei, daß man zu ihm aber kein Vertrauen haben könne. Als Führer der Konservativen widersetzte er sich deshalb auch der Absicht Lloyd Georges, nach Übernahme des Premierministeramtes Churchill in sein Kabinett aufzunehmen. Als Lloyd George ihm vorhielt, Churchill könne viel Schaden anrichten, wenn man ihn nicht an ein Ministeramt binde, erwiderte Bonar Law, er ziehe es vor, Churchill außerhalb des Kabinetts offen gegen sich zu haben. Hinter der glänzenden Rednergabe, äußerte Law damals, spüre man bei Churchill rücksichtslose Gier nach Macht, und das sei abstoßend. Wäre Law nicht 1923 verstorben, hätte Churchill keine Chance gehabt, wieder in die Konservative Partei aufgenommen zu werden.

Neville Chamberlain vertraute am 12. August 1928 seinem Freund Lord Irwin an: »Winston ist ein sehr interessanter, aber auch ein verdammt unbequemer Bettgenosse. Man bekommt nie einen Augenblick Ruhe, und man weiß nie, an welchem Punkt er ausbrechen wird«.

Am 17. November 1935 schrieb die bekannte konservative Unterhausabgeordnete Nancy Astor (1879–1964, Abgeordnete von 1919–1945) an den damaligen Premierminister Stanley Baldwin: »Nehmen Sie nicht Winston in die Regierung auf – es würde Krieg im Lande und auswärts bedeuten. Ich kenne die Tiefen von Winstons Illoyalität (disloyalty) – und Sie können sich nicht vorstellen, wie sehr ihm **alle** Wähler des Landes mißtrauen«.

Daß das Vertrauen zu Churchill in breiten Schichten des britischen Volkes trotz seiner herausragenden Stellung im Kriege nicht Wurzel geschlagen hatte, konnte man mit frappierender Deutlichkeit am Ergebnis der Parlamentswahlen vom Juli 1945 ablesen: den 213 Konservativen standen plötzlich 393 Labour-Abgeordnete gegenüber. Dieser Erdrutsch bedeutete ein drastisches Mißtrauensvotum gegen den Menschen und Politiker Churchill.

3. Eingleisig im Denken

Der dritte intellektuelle Mangel bestand bei Churchill darin, daß sein Denkapparat eingleisig angelegt war. Er besaß mit anderen Worten das, was die Angelsachsen »one-track-mind« nennen, das heißt, sein Denken entbehrte der Flexibilität.

Das war auch der große Mangel bei Woodrow Wilson (1856–1924, Präsident der USA von 1913–1921) gewesen. Auch Wilson verfügte nur über ein eingleisig funktionierendes Denkvermögen.

Menschen dieser Art sind die Gefangenen der Ziele, die sie sich gesetzt, wie auch der Wege, die sie sich zur Erreichung dieser Ziele ausgedacht haben. Sie sind im Denken so starr und unbeweglich, daß sie sich von Weg und Ziel nicht abbringen lassen, mögen die Gegengründe auch noch so überzeugend sein. Dabei verschließen sie sich der Erfahrungstatsache, daß so gut wie immer mehrere Wege zu dem anvisierten Ziel führen, und daß es darauf ankommt, den Weg ausfindig zu machen und zu beschreiten, der den geringsten Aufwand und die wenigsten Opfer fordert. Daß der Vertrag von Versailles von den USA nicht ratifiziert wurde und das Land infolgedessen dem Völkerbund fernblieb, war dem »one-track-mind« von Woodrow Wilson zuzuschreiben.

Im April 1945 sprach Lord Moran, der Leibarzt Churchills, mit dessen Ehefrau darüber. Dabei sagte sie: »Seine Augen sind stets nur auf den Punkt gerichtet, den er erreichen will. Rechts und links davon sieht er nichts«.

> Diese gefährliche Blickverengung hat während des Ersten Weltkriegs schon Lord Esher, ständiges Mitglied des Britischen Verteidigungsausschusses, an Churchill beobachtet. Im Mai 1917 schrieb er an Feldmarschall Haig, Churchill fehle es an »broad views«, er sei durchweg »fixed upon one comparatively small aspect of the question«.

Basil Liddell Hart beurteilte die Situation ebenso. 1969 schrieb er: »Churchill hatte immer eine tiefverwurzelte Neigung, bei der Konzentration auf ein Problem die anderen Probleme zu vergessen, die mit seiner Lösung verbunden waren. Ihm ging die Fähigkeit ab, einen Teil zu dem anderen in Beziehung zu setzen, ebenso wie die Teile zu dem Ganzen«. Daher denn auch »Blindheit« in bezug auf die große Strategie des Krieges.

Vor Augen hatte Churchill die Vernichtung Hitlers und die totale Niederschlagung des Deutschen Reiches. In seiner Unterhausrede vom 13. Mai 1940 sprach er von »victory at all costs« als Kriegsziel. Nach A. J. P. Taylor konnte das nur so verstanden werden: »Sieg, selbst wenn dies bedeutete, das Britische Empire zur Schachfigur der Vereinigten Staaten zu machen; Sieg, selbst wenn es auf die sowjetische Beherrschung Europas hinauslief...«.

Diese Eingleisigkeit und Starrheit des Denkens hat Churchill gehindert, mit dem Phänomen Hitler in einer Weise fertig zu werden, die Millionen von Menschen das Leben erhielt und von Europa und der Welt ungeheure Schäden ersparte. Es kam ihm nicht in den Sinn, daß es Möglichkeiten einer Ausschaltung oder Zähmung Hitlers gab, die weniger Blut gekostet hätten. Er versäumte es, sich um die

Kräfte zu kümmern, die innerhalb Deutschlands auf eine Beseitigung des nationalsozialistischen Regimes hinarbeiteten bzw. eine maßvolle, unaggressive Außenpolitik durchzusetzen bemüht waren. Seine Unterhaus-Rede zu den Ereignissen vom 20. Juli 1944 ließ jedes Verständnis für diese Kräfte vermissen. Starr auf das eine Ziel und den einen Weg eingestellt, erwog er die anderen Möglichkeiten nicht einmal auf dem diplomatischen Reißbrett. Er bedachte nicht – solange eine solche Überlegung noch Sinn hatte –, daß durch ein Machtvakuum im Herzen Europas ungeheure Gefahren für die freie Welt geschaffen wurden. »Ebenso wie Roosevelt scheint Churchill gegenüber der augenscheinlichen Tatsache blind gewesen zu sein«, hat B. Liddell Hart gesagt, »daß die vollständige Zerstörung von Deutschlands und Japans Verteidigungsmacht dahin führen mußte, Sowjetrußland die Chance zu geben, Europa und Asien zu beherrschen«.

An Churchills Stelle hätte ein Staatsmann gehört, dessen Geist flexibel war und jeder denkbar anderen Möglichkeit nachspürte. Daß sein Intellekt mit solcher Flexibilität nicht ausgestattet war, war ein Verhängnis. Dieser Mangel sollte sich besonders nachteilig auf außenpolitischem Gebiet auswirken.

Was die *Willensseite* in Churchills Persönlichkeitsstruktur betrifft, so war ihm ein starker Aktivitätsdrang eigen, der auf die Kriegführung anfeuernd wirkte, zugleich aber auch zu impulsiven Entschlüssen und Handlungen führte, die Fehlschläge bewirkten und vielen Menschen das Leben kosteten.

4. Unausgeglichen

Viele haben sich über Churchills Betätigungsdrang Gedanken gemacht. »The trouble with Churchill is«, hat der bekannte Schriftsteller C. P. Snow einmal gesagt, »that he's always taking action«.

Basil Liddell Hart hat in seinen »Lebenserinnerungen« geäußert, bei Churchill bestehe ständig die Gefahr, daß die kämpferischen Impulse über das nüchterne Urteil die Oberhand gewännen.

Altreichskanzler Heinrich Brüning hat 1939 den Eindruck gehabt, Churchill habe ein fast körperliches Bedürfnis danach, jemanden oder etwas im Kampf niederzuschlagen; um die Kraft seines Temperaments oder Geistes zu offenbaren, brauchte er Widerstand, wie Wasser in einem Bach, das über ein Hindernis hinwegschäume. Ein Jahr vorher hatte Brüning in einem Brief darüber geklagt, daß Churchill nicht produktiv sei – »weil sein Temperament nicht ausgeglichen ist«, wie er hinzufügte.

Daß Churchills Temperament »unausgeglichen«, von »Wachs und Quecksilber« sei, hatten 1915 Lord Beresford und 1917 Lord Esher behauptet. »Impulsiv und unzuverlässig« vermerkte am 4. Januar 1941 auch Sir Alexander Cadogan in seinem Tagebuch.

Viele empfanden diese Sprunghaftigkeit und Ruhelosigkeit als gefährlich. Churchills Entschlüsse würden häufig aus irrationalen Quellen gespeist. Er lasse sich immer wieder auf sehr riskante Unternehmungen ein, so wie es nur ein Spieler tue.

Den Eindruck von »Spielertum« hatte Heinrich Brüning schon 1939 gehabt, andere kamen später zu der Einsicht. Am 20. August 1944 äußerte Lord Moran zu dem späteren Feldmarschall Alexander: »Winston ist eine Spielernatur. Wenn Marshall (der amerikanische Generalstabschef) eine Entscheidung trifft, dann hat er vorher jede Möglichkeit eines Irrtums ausgeschlossen«. Worauf der General erwiderte: »Ja, das stimmt. Er ist ein Spieler«.

Daß in ihm manche wegen dieser Eigenart eine Gefahr für das Land erblicken, kann nach alledem nicht überraschen. Einer der ersten, der vor ihm warnte, war Admiral Jellicoe (1859–1935, bis 1916 Befehlshaber der britischen Heimatflotte). Dieser Mann bilde »eine offensichtliche Gefahr für das Empire«, sagte er 1916.

Als Churchill 1916 an die Front abgegangen war, schrieb der »Spectator« über ihn: »He has a restlessness of mind and an instability of purpose which would make him a most dangerous element«.

Anfang der 20er Jahre äußerte Premierminister Bonar Law gegenüber einem Journalisten: »Ich stimme mit der Einschätzung, die Sie sich über Churchill gebildet haben, überein. Ich meine, daß er sehr ungewöhnliche intellektuelle Fähigkeiten besitzt, zu gleicher Zeit aber scheint er einen ganz unausgeglichenen (unbalanced) Verstand zu haben, der in einer Zeit wie der unsrigen eine wirkliche Gefahr darstellt«.

Ebenso sprach sich (in einem Brief vom 11. März 1929) der bekannte Schriftsteller und Politiker Arthur Ponsonby aus: »Ich habe eine große Bewunderung für Churchill, er ist weit und breit der talentierteste Mann im politischen Leben, überdies auch ›charming‹ und ein Gentleman. Dies hindert mich aber nicht zu glauben, daß er politisch eine große Gefahr ist, hauptsächlich wegen seiner ›Liebe für die Krise‹ und seines fehlgehenden Urteilsvermögens«. Lord Boothby schrieb am 7. Dezember 1936, es sei unmöglich, Churchill blind zu folgen, weil man nie wisse, wo man lande.

Auch General Sir Henry Pownell, der der obersten Führung der britischen Streitkräfte angehörte und zu ihm in dauerndem Kontakt stand, empfand Churchill als eine Gefahr. Als sich Ende April 1940 die Möglichkeit abzeichnete, daß dieser bei der bevorstehenden Kabinettsumbildung an Einfluß gewinnen werde, notierte der General in seinem Tagebuch, Churchill sei deshalb »a real danger« für das Land, weil er sich dauernd zu undurchdachten Entschlüssen hinreißen lasse. Leider müßten die Fehlgriffe seiner Amateurstrategie immer mit dem Leben von Soldaten bezahlt werden.

Churchills fieberhafter Betätigungsdrang, seine Ruhelosigkeit, Unausgeglichenheit und Impulsivität sollten sich während beider Weltkriege aufs nachteiligste bemerkbar machen. Er war glücklich in der Welt der Schlachten und fühlte sich im Kriege in seinem Lebenselement. Er hielt sich für einen großen Strategen. Über Menschenmassen verfügen und sie hin- und herschieben zu können, gewährte ihm höchste Befriedigung. Sein Leibarzt, Lord Moran, hat von ihm gesagt, des »Soldatenspiels« sei er nie müde geworden.

Am 28. Juli 1914 schrieb Churchill an seine Frau: »Alles tendiert auf Katastrophe und Zusammenbruch. Ich bin interessiert, aufgewühlt und glücklich. Ist es nicht furchtbar, so strukturiert zu sein? Ich bete zu Gott, daß er mir solche Anwandlungen vergeben möge«.

1927 schrieb der berühmte Nationalökonom Lord Keynes über ihn: »Mr. Churchill verhehlt nicht sein Vergnügen, .. in großem Maßstab Krieg führen zu können ..«. »He positively enjoys the war« (er findet wirkliches Gefallen am Krieg und genießt ihn) notierte am 3. März 1941 auch der australische Ministerpräsident R. G. Menzies.

»Winston Churchill war unter seinen Kollegen ein Mann von total verschiedenem Typ. Er hatte ein wirkliches Vergnügen am Krieg«, meinte auch Lord Hankey, der langjährige Sekretär des Britischen Kabinetts. »He unashamedly enjoyed power – and war« (so Ronald Lewin: »Churchill as Warlord«, New York 1973 S. 264).

Es ist nicht überraschend, daß diese Einstellung Churchill den Vorwurf der Kriegslüsternheit (»bellicosity«) eintrug. Im Wahlkampf von 1935 bezeichnete ihn der Labour-Politiker Herbert Morrison als Militaristen und Feueresser (»fire-eater«), und von diesem Vorwurf sollte er nie mehr freikommen.

Seine Impulsivität war es, die Churchill immer wieder zu Initiativen führte, die katastrophal ausgingen, weil sie ungenügend durchdacht waren. Im Oktober 1914 war es der Versuch, Antwerpen als Brückenkopf zu behaupten, im Frühjahr 1915 der Versuch, die Dardanellen zu erobern, 1919 führte er sein kriegsmüdes Land in Rußland, 1920 in der Türkei an den Rand neuer Kriege. Daß diese Aktionen unzählige Menschenleben kosteten, berührte ihn wenig. Der Gedanke daran hinderte ihn jedenfalls nicht, sich während des Zweiten Weltkriegs in ähnlich riskante Unternehmungen zu verstricken (Norwegen, Griechenland und Kreta).

Von H. G. Wells, dem bekannten britischen Schriftsteller, ist folgender Ausspruch überliefert: »Churchill ist ganz naiv des Glaubens, daß er einer besonders begabten und privilegierten Klasse von Menschen angehöre, der das Leben und die Angelegenheiten der einfachen Menschen als Rohmaterial für brillante Einfälle anvertraut sind«.

Vor dem Zweiten Weltkrieg standen ihm denn auch in Großbritannien viele Menschen skeptisch gegenüber. Schon während des Ersten Krieges lautete das Urteil von Lord Esher: ein intelligenter Politiker, dem aber alle Qualitäten fehlen, die man für ein Ministeramt fordern muß. Mit dieser Einschätzung stand Lord Esher nicht allein. Wie Liddell Hart berichtet hat, wurde 1935 unter namhaften englischen Politikern bezweifelt, ob man Churchill das Kriegsministerium anvertrauen könne. Als sich der Militärschriftsteller im Dezember 1935 mit Luftmarschall Trenchard, dem Chef der Royal Air Force, darüber unterhielt, erklärte der Offizier, er hege für Churchill große Bewunderung, halte ihn aber wegen seines Mangels an nüchternem Urteilsvermögen zum Kriegsminister nicht für geeignet. Auch Alfred Duff Cooper (1890–1954), einer der Führer der Konservativen und langjähriger Minister, hatte damals Bedenken gegen Churchills Eignung für ein so wichtiges Ministeramt. Er erfasse die Kernpunkte nicht mehr so rasch wie früher, sagte er, er solle sich deshalb besser zur Ruhe setzen und als »älterer Staatsmann« der Literatur widmen. Andere Politiker, mit denen Liddell Hart in jenen Tagen sprach, vertraten die gleiche Ansicht. Der Militärschriftsteller bemerkt in seinen »Erinnerungen« dazu: »Es entbehrt im Rückblick nicht der Ironie, diese Zweifel von 1936 an Churchills Eignung für die Stellung eines Verteidigungsministers mit begrenzter Macht mit der fast unbestrittenen Anerkennung seiner Befähigung zu vergleichen, 1940 als Premierminister und Verteidigungsminister in einer Person unumschränkte Macht auszuüben«.

Daß Churchill vor Ausbruch des Krieges von vielen auch sonst nicht als überragende staatsmännische Gestalt betrachtet wurde, geht aus einem Vorfall hervor, den Liddell Hart ebenfalls in seinen »Erinnerungen« festgehalten hat. Anfang 1936 bat Duff Cooper, damals gerade zum Kriegsminister ernannt, zur Erörterung verteidigungspolitischer Probleme einige Experten zu sich. Es waren dies Churchill, Liddell Hart, General Fuller und Luftmarschall Trenchard. Liddell Hart brachte seine Eindrücke noch in der gleichen Nacht zu Papier. Er schrieb: »Der Abend hatte eine niederdrückende Wirkung. Denn obwohl hier einige hervorragende Männer der vergangenen Generation aus dem Bereich der Verteidigung zusammen waren – ohne Zweifel bessere Köpfe als die gegenwärtigen Spitzen der Dienstzweige –, war doch vieles in der Diskussion geradezu chaotisch, oft mehr rhetorisch als wohlüberlegt und vielfach durch eine offene Unfähigkeit bezeichnet, das Wesentliche zu erfassen. Ein erheblicher Teil zeigte eindeutig mangelndes wissenschaftliches Denken beim Studium der Vergangenheit und fehlende Präsenz des Denkens bei der Behandlung jetzt wichtiger Punkte«. – Das ist ein vernichtendes Urteil, und es stammt von einem Mann, dessen Meinung Gewicht hat.

Eines ist allerdings nicht zu bestreiten: Von seiner dynamischen Persönlichkeit gingen in einer der gefährlichsten Phasen der Geschichte seines Landes Impulse und Kraftströme aus, die bis in die entferntesten Winkel der Kriegsmaschinerie drangen und anfeuernd wirkten. Nach allen Berichten fühlten sich Millionen von Briten durch ihn in geheimnisvoller Weise verwandelt und aktiviert. So etwas hatte es noch nicht gegeben. Die Churchill eigene Dynamik konnte indes die im Bereich seines Intellekts und Willens liegenden Mängel nicht ausgleichen, und diese waren es, die bei ihm einer schöpferischen und fruchttragenden staatsmännischen Wirksamkeit im Wege standen.

5. Der Premierminister

Wenn man sieht, wie skeptisch Churchill vor 1939 in seinem Lande beurteilt worden ist, so erhebt sich die Frage, wie es zu erklären ist, daß er immer wieder in Ministerämter berufen und ihm im Kriege sogar die Führung des Empire anvertraut worden ist. Die Erklärung liegt auf der Hand: es war seine Wortgewalt. »Ohne dieses Gefühl für das Wort«, ist in den Erinnerungen seines Leibarztes zu lesen, »hätte er es im Leben nicht weit gebracht«. (Tagebuch-Eintragung vom 29. Oktober 1941).

Churchill besaß kein natürliches Rednertalent wie es etwa Lloyd George oder Aristide Briand eigen war. Zum großen Redner war er erst durch unaufhörliches Studium (insbesondere der Reden Pitts d. Ä. und Macaulays) und ständiges Training geworden. Nachdem er 1904 im Unterhaus einmal steckengeblieben war, arbeitete er seine Reden immer bis zum letzten Wort aus, trug sie aber – durchsetzt mit dramatischen Pausen und humoristischen Bemerkungen – so vor, daß seine Zuhörer nicht den Eindruck hatten, er sei vom Manuskript abhängig. Er verstand es in seinen politischen Reden, mit prägnanten und bildkräftigen Formulierungen den Hörer zu packen und in seinen Bann zu ziehen. Da er nicht nur ein Meister des gesprochenen, sondern auch des geschriebenen Wortes war, verfehlten seine öffentlichen Auftritte nie die Wirkung. Er war auch ein sehr schlagfertiger »debater«, der die Waffen des Witzes und des Sarkasmus geschickt einzusetzen verstand. Dank dieser glänzenden Rednergabe war er imstande, auf die 1940 aus dem Gleichgewicht geratenen, verstörten und nach starker Führung verlangenden Massen seines Volkes großen Eindruck zu machen und sie mit sich fortzureißen. Für die jeweiligen Regierungen war seine Wortgewalt nach Lord Beaverbrook »eine stets gegenwärtige Drohung«. Das macht verständlich, warum es die Regierungschefs im allgemeinen vorzogen, ihn in die Regierung aufzunehmen, statt ihn außerhalb wirken zu lassen.

Für viele Briten war es – angesichts der zwiespältigen Beurteilung Churchills – eine Überraschung, als er am 10. Mai 1940 zum Premierminister ernannt wurde. Der König, Neville Chamberlain und große Teile der Konservativen Partei hätten es lieber gesehen, wenn Lord Halifax berufen worden wäre, dieser machte aber geltend, es würde Schwierigkeiten geben, wenn ein Peer Premierminister werde. Churchill hatte keine Hemmung, das Amt anzunehmen. 1947 sagte er rückblickend: »Ich hatte nicht das Gefühl persönlicher Unzulänglichkeit oder etwas derartiges«. Es ist bemerkenswert, daß ihm damals mehr Beifall aus den Reihen der Labour-Party als seiner eigenen Partei zuteil wurde. Die meisten Konservativen hatten ihn ja bis dahin als Abenteurer betrachtet.

So wurde in einer der kritischsten Perioden der britischen Geschichte ein Mann an die Spitze des Empire berufen, dem wesentliche Eigenschaften für eine erfolgreiche staatsmännische Wirksamkeit abgesprochen worden waren: Urteilsvermögen (Herbert Asquith, Stanley Baldwin, Neville Chamberlain und viele andere), Konzentration auf das Wesentliche (Sir Alexander Cadogan, Sir Henry Pownell u. a.), Ausgeglichenheit (Heinrich Brüning, Neville Chamberlain, Liddell Hart u. a.), Zuverlässigkeit (Lloyd George, Bonar Law, Arthur Ponsonby, Sir Henry Pownell u. a.). Kein Wunder, daß ihn viele als eine Gefahr empfanden! Es verdient darüber hinaus festgehalten zu werden, daß er nach Ansicht von Männern wie Stanley Baldwin und A. J. P. Taylor diejenige Eigenschaft nicht besaß, die im Grunde erst den *großen* Staatsmann ausmacht: Weisheit, das heißt Abgeklärtheit des Urteils, Sicherheit in der Behandlung der großen politischen Probleme, Erfahrungsreife und Weitsicht.

Bei dem großen Publikum wurden diese Mängel durch den Charme überdeckt, der von Churchill ausging, die Faszination, die er auf viele Menschen ausübte, das Charisma, das er ausstrahlte. Er war ein großartiger Schauspieler, der sich sehr geschickt in Szene zu setzen verstand – vor allem in den Reden, die er innerhalb und außerhalb des Parlaments hielt. Der einstige australische Ministerpräsident Menzies hat ihn deshalb auch als einen großen »Showman« bezeichnet und dazu vermerkt, für seine späteren Biographen sei das große Problem, zu ermitteln, wo der große Schauspieler, der »Showman«, endete, »and the great and dedicated leader took over«.

Es ist schon gesagt worden, daß Churchill Großbritannien mit neuem Kampfgeist und neuer Zuversicht erfüllt hat. Später zeigte sich indessen, daß seine Fähigkeiten und Kräfte nicht ausreichten, die Entwicklung in Bahnen zu leiten, die den kontinentaleuropäischen Völkern und damit auch Großbritannien und der ganzen Welt zu einer gerechten Neuordnung und einem dauerhaften Frieden verhalfen. Vom kontinentaleuropäischen Standpunkt aus gesehen war die Wahl Churchills eine verhängnisvolle Entscheidung. Das wird nachfolgend im einzelnen zu zeigen sein.

II. Churchills Außenpolitik

Die fehlende Flexibilität im Denken wirkte sich bei Churchill besonders nachteilig auf außenpolitischem Gebiet aus. Sie war die Ursache dafür, daß Chancen vorzeitiger Kriegsbeendigung ungenutzt blieben. Sie war auch daran schuld, daß Churchills ganzes Denken den konkreten Fragen der Kriegführung verhaftet blieb und daß darüber die Probleme der Nachkriegszeit vernachlässigt wurden. Vor allem aber haben es Churchill und seine Mitarbeiter an der nötigen Umsicht und Wachsamkeit fehlen lassen. Mit einem so listigen und verschlagenen Alliierten wie Stalin hätte man anders umgehen müssen. Nichts hätte näher gelegen, als ihn in der Zeit, da er selbst von »tödlicher Gefahr« sprach, an feste Vereinbarungen zu binden, besonders was die Nachkriegsgrenzen betraf. Es ist unbegreiflich, daß das nicht geschah. Schließlich lastet auf der von Churchill zu verantwortenden Außenpolitik das Odium des Bruchs der Atlantik-Charta. Der Welt wurde damals versprochen, man werde eine Friedensordnung errichten, die auf dem Gedanken des Rechts und der Gerechtigkeit beruhe und die Menschheit von der Geißel fortwährender Kriege befreie. Nichts von alledem wurde verwirklicht.

1. Vereitelung eines Kompromiß- und Verständigungsfriedens

Wäre Churchill willens gewesen, Lehren aus der Geschichte zu ziehen, so wäre er nicht darum herum gekommen, sich das Verhalten der Siegermächte auf dem Wiener Kongreß 1814/15 zum Vorbild zu nehmen. Deren Sinnen und Trachten war damals weniger auf die Auswertung ihrer militärischen Erfolge gerichtet, als auf die Frage: »Was kommt danach?« Wie Fürst Metternich richtig erkannte, ließ sich eine sichere Friedensordnung nur dann schaffen, wenn man das französische Volk schonend behandelte und ihm maßvolle Friedensbedingungen auferlegte. Diese weise Haltung hat bekanntlich Europa auf Jahrzehnte den Frieden gesichert.

> Im Jahr 1814 schrieb François René Vicomte de Chateaubriand, der berühmte Staatsmann und Schriftsteller: »Unsterblicher Ruhm gebührt den alliierten Monarchen, die der Welt ein derartiges Beispiel von Mäßigung im Siege gegeben haben. Welche Verbrechen hatten sie zu rächen! Aber sie waren groß genug, nicht den Fehler zu begehen, das französische Volk mit dem Tyrann zu verwechseln, der es unterdrückte«.

Die Gruppe um Churchill war nach den Beobachtungen von Altreichskanzler Heinrich Brüning schon 1934 für Krieg um jeden Preis und hielt daran unerschütterlich fest. Demgegenüber traten in Großbritannien namhafte Persönlichkeiten des öffentlichen Lebens schon während der ersten Kriegsmonate dafür ein, einen Kompromiß- und Verständigungsfrieden anzustreben.

Zu ihnen gehörte beispielsweise Lloyd George. Wie B. Liddell Hart in seinen »Lebenserinnerungen« geschildert hat, hatte Lloyd George aus seinen Erlebnissen im Ersten Weltkrieg bestimmte Lehren gezogen. »Er kam zur Macht durch eine Woge öffentlicher Zustimmung zu seinem Ruf nach einer energischeren und unbarmherzigeren Führung des Krieges«, schreibt Liddell Hart. »Einmal im Amt, war er außerstande, jener Woge, die ihn dorthin geführt hatte, Widerstand zu leisten«. Er glaubte deshalb den Vorschlag Lord Lansdownes, vor der völligen Erschöpfung Europas einen vernünftigen Frieden auszuhandeln, verwerfen zu müssen. Wäre nicht durch den Kriegseintritt der USA das Vertrauen in den Sieg belebt worden, wäre es nach Liddell Hart 1917 aller Wahrscheinlichkeit nach zu einer Remis-Partie und einem Verständigungsfrieden gekommen. Lloyd George war bei Ausbruch des Zweiten Weltkrieges überzeugt, daß ein zu vollkommener Sieg von Übel sei und daß man deshalb extreme Kriegsziele vermeiden und die Tür allezeit für einen Verständigungsfrieden offenhalten müsse. Am 19. Oktober 1939 schrieb er an Lord Mottistone: »Wenn sie die Chance Frieden zu machen ausschlagen, wird es nicht lange dauern, bis Britannien erfassen wird, daß sie den unglückseligsten Fehler begangen haben, der durch britische Staatskunst seit den Tagen von Lord North getätigt wurde«. Noch im Herbst 1942 riet Lloyd George zu einem Kompromißfrieden.

Auch Basil Liddell Hart trat frühzeitig für einen Verständigungsfrieden ein. Im Spätherbst 1939 versandte er zwei Denkschriften, in denen er vor einer Weiterführung des Krieges dringend warnte. Man könne nichts gewinnen, aber viel verlieren. Seine Stimme fand keine Beachtung.

Zu denen, die für einen raschen Friedensschluß waren, gehörte auch Lord Lothian, der britische Botschafter in Washington. Nachdem Hitler am 6. Oktober

1939 ein Friedensangebot gemacht hatte, beschwor er Außenminister Lord Halifax telegraphisch, in seiner Erwiderung nichts zu sagen, was die Tür zu einem Frieden verschließen könne. Er kenne die deutschen Bedingungen, sie seien »most satisfactory«.

Von ganz besonderer Bedeutung war es, daß die *Dominions* einen Verständigungsfrieden empfahlen. Sie waren gegen einen Vernichtungsfeldzug und rieten dringend zur Aufnahme von Verhandlungen mit dem Deutschen Reich. Die Beseitigung Hitlers und des Nationalsozialismus wurde von ihnen nicht verlangt, auch die Wiederherstellung des status quo ante nicht gefordert.

Am 28. Oktober 1939 warnte der australische Premierminister R. G. Menzies Premierminister Neville Chamberlain telegraphisch vor einem Siegfrieden, der womöglich wieder zur Unterdrückung Deutschlands und zu seiner Zerstückelung und wirtschaftlichen Auspowerung führe. Ein solcher Kriegsabschluß werde einen neuen Krieg unvermeidlich machen, da die Deutschen ein zu großes und mächtiges Volk seien, um dauernd in Knechtschaft gehalten zu werden. Man solle stattdessen einen Frieden der Großzügigkeit und Gerechtigkeit anstreben, mit territorialen Zugeständnissen und Konzessionen in der Rohstofffrage.

Am 5. November 1939 forderte auch der neuseeländische Premierminister, M. J. Savage, »a generous peace«. Er begründete das mit den Worten: »Es muß betont werden, daß Erfahrung im Überfluß gezeigt hat, daß Gutes nicht von einem Frieden zu erwarten ist, der dem Besiegten vom Sieger auferlegt wird. Wir sollten deshalb nicht warten, bis Erschöpfung und Bitterkeit einen Frieden zu gleichen und vernünftigen Bedingungen unmöglich gemacht haben, stattdessen vielmehr die erste Gelegenheit ergreifen und einen Versuch unternehmen, in echte und konstruktive Friedensgespräche einzutreten«.

Premierminister Menzies hatte in einem Brief schon gleich nach Beginn des Krieges – am 11. September 1939 – nachdrücklich davor gewarnt, Friedensvorschlägen Hitlers ein einfaches »Nein« entgegenzusetzen. »Wenn wir ›Nein‹ sagen, müssen wir uns auf einen Krieg einstellen, in dem ... auf die Dauer Millionen von Briten und Franzosen das Leben einbüßen werden«. Amerika habe mit dem verrückten (»wretched«) Korridor einen Dorn in das Fleisch Europas getrieben. Möge es jetzt für Einberufung einer Konferenz sorgen, die den Dorn beseitige ...

Premierminister Chamberlain und Außenminister Lord Halifax neigten der Ansicht der Dominions zu. In einer Erwiderung auf den Friedensfühler Hitlers – Unterhaus-Rede vom 12. Oktober 1939 – hütete sich Neville Chamberlain denn auch, die Tür zu Verhandlungen zuzuschlagen. Wie er am 8. Oktober seiner

Schwester mitteilte, hatte er innerhalb von drei Tagen 2.450 Briefe erhalten, von denen ihn 1.860 beschworen, »to stop the war in one form or another«. Damals schrieb er auch an sie, der Krieg werde im Frühjahr vorüber sein.

In der langdauernden Debatte, in der am 12. Oktober 1939 das britische Unterhaus zu dem Friedensangebot Hitlers vom 10. des gleichen Monats Stellung nahm, wurde der Premierminister allgemein gelobt, daß er die Tür zu Verhandlungen offen gelassen habe. Dabei zeigte sich, daß die meisten Redner der Meinung waren, man dürfe nichts unversucht lassen, den Krieg zum Abschluß zu bringen. Was wir jetzt tun, sagte beispielsweise Sir Stafford Cripps, entscheidet über das Leben von Millionen von Menschen. In diesem Zusammenhang wurde mehrfach auch darauf hingewiesen, daß man zwar gegen die deutsche Aggression Polens eingeschritten sei, aus der russischen aber keinerlei Folgerungen gezogen habe. Einer der Abgeordneten bezeichnete das Verhalten Großbritanniens als Muster politischer Heuchelei.

Heute wird allgemein behauptet, Hitler habe seit dem Einmarsch in Prag jeden Kredit eingebüßt, es sei deshalb in Großbritannien niemand mehr bereit gewesen, mit ihm zu verhandeln. Das Gegenteil ist wahr. Die Unterhausdebatte vom 12. Oktober 1939 beweist das schlagend. »Herr Hitler« – wie ihn die Redner respektvoll nannten – wurde als durchaus verhandlungswürdig betrachtet. Der Regierung wurde geraten, ihn auf die Probe zu stellen und sich bei ihm nach den Garantien zu erkundigen, die er zu geben bereit sei.

Es ist nachträglich schwer zu verstehen, warum man ihn nicht getestet hat. Bei geschicktem Vorgehen hätte man ihn in eine für ihn schwer zu meisternde Lage manövrieren können. Der Krieg war im deutschen Volk äußerst unpopulär, und dem hätte Hitler bei all seinen Entschließungen Rechnung tragen müssen. Er hätte ein klug formuliertes Angebot nicht zurückweisen können. Hier ist auf britischer Seite Entscheidendes versäumt worden.

Wenn es im Winter 1939/40 nicht zu Friedensverhandlungen gekommen ist, so lag das am Widerstand einiger französischer Politiker, vor allem aber an dem Churchills und seiner Gruppe. Sie waren übereinstimmend der Auffassung, der Krieg müsse bis zur Vernichtung Deutschlands weitergeführt werden.

> Diese Einstellung trat deutlich hervor, als der amerikanische Unterstaatssekretär Sumner Welles (1892–1961) im Auftrag des Präsidenten Roosevelt Anfang 1940 den Versuch unternahm, zwischen den Kriegführenden zu vermitteln. Roosevelt hoffte damals noch auf eine friedliche Lösung des Konflikts, und zwar aufgrund von Verhandlungen mit Hitler. Auch der französische Ministerpräsident Daladier war bereit, mit der damaligen deutschen Regierung zu verhandeln, selbst unter beträchtlichen Konzessionen an Hitler. Diese Friedensmission stieß in London in den Kreisen um Churchill, Eden, Duff Cooper und Vansittart auf scharfen Widerspruch. In einem Memorandum vom 18. März 1940 bezeichnete Vansittart

(diplomatischer Hauptberater der britischen Regierung) Sumner Welles als eine »internationale Gefahr«. Dieser sei ja so weit gegangen, von ihnen zu verlangen, Frieden mit Hitler zu machen. Dies sei ein »Kapitalverbrechen gegen den gesunden Menschenverstand und die Menschheit« und »Wahnsinn« (»lunacy«), wofür er und sein Chef, der Präsident, die entschiedenste Verurteilung verdienten. Das Ganze sei »ein schmutziger Trick«, ja ein »kriminelles Manöver«. Der Gedanke, mit Hitler Frieden zu machen, sei jedenfalls für Großbritannien unannehmbar.

Die Dominions hatten sich gerade erst für das Gegenteil eingesetzt, davon ließen sich aber die Angehörigen der Kriegspartei in keiner Weise beeinflussen. Wie Lloyd George im Juli 1940 Liddell Hart erzählt hat, ist Sumner Welles nirgendwo auf solche Ablehnung gestoßen wie in diesen Londoner Kreisen.

»Für Kompromisse gibt es im Kriege keinen Raum«, hatte Churchill schon in seinen Weltkriegs-I-Erinnerungen betont. Gestützt auf diesen Grundsatz war er auch im Zweiten Weltkrieg nicht zu bewegen, auf den Gedanken eines Kompromißfriedens einzugehen. Als am 28. Mai 1940 im britischen Kabinett wieder einmal die Frage erörtert wurde, ob es nicht ratsam sei, in Verhandlungen mit Hitler einzutreten, hielt Churchill denjenigen, die dazu neigten, scharf entgegen, Hitler werde die Auslieferung der britischen Flotte und die Besetzung aller britischen Seekriegshäfen verlangen. Nach Angabe des Labour-Ministers Dalton brachte diese Behauptung die Gegenmeinung sofort zum Schweigen. Irgendeinen Anhaltspunkt dafür, daß Hitler solche Forderungen stellen werde, gab es nicht. Churchill hat hier – wie so oft – die deutsche Gefahr übertrieben.

Wenn es auch im späteren Verlauf des Krieges nicht zu einem Verständigungsfrieden gekommen ist, so trägt Churchill die Hauptschuld daran. Millionen von Menschen wäre das Leben erhalten geblieben, wenn er diese starre Haltung aufgegeben hätte. An die Menschenleben, die seine großen politischen Entscheidungen kosteten, pflegte er aber in der Regel nicht zu denken.

2. Der Bruch der Atlantik-Charta

Kaum seinesgleichen hat der Zynismus, mit dem Churchill über die Zusicherungen hinweggeschritten ist, zu denen er sich zusammen mit dem amerikanischen Präsidenten in der Atlantik-Charta vom 14. August 1941 verpflichtet hatte. Als gemeinsame Erklärung der beiden Staatsmänner wurde der Welt damals kundgetan: »Sie mißbilligen territoriale Veränderungen, die nicht mit den frei geäußerten Wünschen der beteiligten Völker übereinstimmen« und »Sie respektieren das Recht jedes Volkes, sich die Regierungsform, unter der es leben will, selbst zu wählen«.

In einer Unterredung, die er in der Nacht vom 17. zum 18. Dezember 1941 über das Schicksal der baltischen Staaten hatte, wies der britische Außenminister

Eden den russischen Diktator mit Nachdruck darauf hin, daß seinem Lande durch die Atlantik-Charta die Hände gebunden seien. Ein Minister, der sich über diese Verpflichtungen hinwegsetze, werde das keine 24 Stunden überleben.

Duff Cooper, damals Mitglied der britischen Regierung, warnte Eden in einem Brief vom 22. April 1942, die Annexion der baltischen Staaten durch die Sowjetunion anzuerkennen: »Solch ein Akt von unserer Seite würde die Atlantik-Charta in Fetzen reißen und uns als die Erzheuchler der Welt brandmarken«.

Diese und ähnliche Warnungen waren alle in den Wind gesprochen. Kaum zwei Jahre waren vergangen, und der britische Premierminister setzte sich skrupellos über jene feierlichen Zusicherungen hinweg. Die Folgen bekamen nach den Esten, Letten und Litauern erst das polnische und dann das deutsche Volk zu spüren.

a. Polen

Auf der Konferenz von Teheran (Ende November 1943) war für die »Großen Drei« – Roosevelt, Churchill und Stalin – die polnische Frage einer der wichtigsten Beratungsgegenstände. Es ging dabei insbesondere um die Festlegung der polnischen Grenzen. Stalin verlangte die Zurücknahme der Ostgrenze Polens auf die Curzon-Linie. Das war die Grenzlinie, die im Jahr 1920 der britische Außenminister Lord Curzon (1859–1925) der sowjetrussischen Regierung zur Beilegung des russisch-polnischen Konflikts vorgeschlagen hatte. Sie lag erheblich westlicher als die Grenze, die Polen nach seinem Waffensieg von 1920 erreichen konnte. Stalin konnte seine Forderung bei Churchill und Roosevelt mühelos durchsetzen.

Polens Ministerpräsident Stanislaw Mikolajczyk (1901–1966), der letzte nichtkommunistische Inhaber dieses Amtes, wurde deswegen am 14. Oktober 1944 bei Churchill und seinem Außenminister Eden in der Moskauer britischen Botschaft vorstellig, erinnerte sie an die Atlantik-Charta und beklagte sich bitter darüber, daß die Grenzverschiebung ohne jede Anhörung des polnischen Volkes und seiner Vertreter beschlossen worden sei. Er als polnischer Ministerpräsident sehe sich nicht imstande, der Weggabe fast der Hälfte seines Landes zuzustimmen.

Es kam damals zu einer dramatischen Auseinandersetzung. Den heftigen Wortwechsel, der sich zwischen den Beteiligten entwickelte, hat Mikolajczyk in seinen Erinnerungen (»The Rape of Poland. Pattern of Soviet Aggression«. New York 1948) eindrucksvoll geschildert. Churchill wurde darin grob ausfallend und sagte zu dem Polen: »Ihr seid ein dickfelliges Volk, das Europa zugrunde richten will. Ihr habt nur Eure elenden, unbedeutenden, selbstsüchtigen Interessen im Sinn«. Dann warf er Mikolajczyk Feigheit vor und fügte hinzu, er gehöre ins Irrenhaus. Nach diesen Worten verließ er den Raum und schlug die Türe hinter sich zu.

Ebenso wie Mikolajczyk hatte auch sein Vorgänger, General Sikorski (1881–1943) auf der Wiederherstellung der alten Grenzen Polens bestanden. Auch er hatte sich dabei auf die Atlantik-Charta berufen. Damit hatte er bei Churchill aber ebensowenig Erfolg wie sein Nachfolger. Der britische Premierminister ließ Polen hier glatt fallen. Das entbehrt nicht einer Pikanterie, weil Großbritannien ja wegen der Polen in den Krieg gezogen war. Jetzt war das alles vergessen.

> Die Tatsache, daß General Sikorski sich beharrlich geweigert hat, auch nur einen Fußbreit polnischen Bodens preiszugeben, hat den Verdacht entstehen lassen, Churchill habe ihn beseitigen lassen. Sikorski kam bei einem mysteriösen Flugzeugunfall ums Leben. Rolf Hochhuth hat in einem Theaterstück Churchill die Schuld dafür angelastet. Dieser Verdacht wurde vor Gericht nicht bestätigt. Neuerdings hat David Irving die These in einer Schrift »Mord aus Staatsräson« wieder aufgenommen und Churchill erneut in Verbindung zu dem Absturz gebracht. Seine Beweisführung bricht aber am entscheidenden Punkt ab.

b. Deutschland

Noch schlimmer als mit dem polnischen sprang Churchill mit dem deutschen Volk um. Im Einvernehmen mit Roosevelt vergab er den gesamten Osten des Deutschen Reiches an Polen und Sowjetrußland und entwickelte für den Rest von Deutschland Ansichten, die nicht anders denn als unausgegoren, kurzsichtig und unrealistisch bezeichnet werden können.

Schon bald, nachdem er in Großbritannien die Führung übernommen hatte, sprach er sich für eine Aufteilung und Zerstückelung des Deutschen Reiches aus. Am 12. Dezember 1940 erklärte er, man müsse die Preußen von den Süddeutschen trennen; Bayern, Württemberg, Baden, Österreich und Ungarn seien in einer Konföderation mit Wien als Hauptstadt zusammenzufassen, und von Preußen seien das Ruhrgebiet und Westfalen unter internationale Kontrolle zu stellen. Preußen müsse außerdem für 100 Jahre entmilitarisiert werden, um den Ausbruch eines neuen Krieges ein- für allemal unmöglich zu machen.

Auf der Konferenz von Teheran wurde das Schicksal Deutschlands ebenso entschieden wie das von Polen. Churchill trug seine Ansicht mit folgenden Worten vor:

»Ich persönlich würde dafür eintreten, Preußen zu verkleinern und zu isolieren, während Bayern, Österreich und Ungarn einen großen, friedlichen Bund ohne Aggressionstendenzen bilden könnten. Preußen müsste strenger behandelt werden als das übrige Reich, um dieses abzuhalten, sein Geschick mit dem Preußens zu verbinden«.

Stalin hatte begreiflicherweise gegen eine Aufteilung und Zerstückelung des Deutschen Reiches nichts einzuwenden, machte aber geltend, das alles sei sehr schön, genüge aber nicht, und kam dann auf die polnische Frage zu sprechen. Als er Anspruch auf das Gebiet östlich der Curzon-Linie erhob, meinte Churchill, Polen könne sich ja nach Westen verlagern – »wie Soldaten, die seitlich wegtreten«. Falls es dabei auf einige deutsche Zehen trete, könne man das nicht ändern.

Es war interessanterweise Stalin, der die Frage aufwarf, ob die Prüfung der polnischen Probleme denn ganz ohne polnische Beteiligung geschehen solle. Churchill bejahte das.

Stalin schlug vor, den Polen als Ersatz für das Gebiet jenseits der Curzon-Linie deutsches Gebiet zuzusprechen und die polnische Westgrenze bis zur Oder vorzurücken. Churchill und Eden stimmten dem zu. In seinen »Erinnerungen« bemerkt Churchill zu diesem Gedankenaustausch: »Ich demonstrierte mit Hilfe dreier Streichhölzer meine Gedanken über eine Westverlagerung Polens. Das gefiel Stalin«. In dieser unverantwortlichen Weise wurde über uraltes deutsches Gebiet und die Wohnstätten von Millionen von Menschen verfügt!

In einem Brief an Roosevelt vom 20. Februar 1944 präzisierte Churchill den britischen Standpunkt dahin, daß Polen Danzig, Oberschlesien, Südostpreußen und Schlesien bis zur Oder erhalten solle. Die deutsche Bevölkerung müsse aus diesen Gebieten entfernt werden.

Während eines Besuches Churchills in Moskau (Mitte Oktober 1944) erklärte sich Stalin – so wie es vom britischen Premier vorgeschlagen worden war – mit der Aufteilung Deutschlands in einen preußischen und einen süddeutschen Staat (mit Wien als Hauptstadt) einverstanden. Von Preußen sollten allerdings das Ruhr- und das Saargebiet abgetrennt oder unter internationale Kontrolle gestellt und das Rheinland zu einem selbständigen Staat gemacht werden.

Auf der Konferenz von Jalta (4. bis 11. Februar 1945) war zwischen den Alliierten nur noch streitig, ob die polnische Grenze bis zur östlichen oder zur westlichen Neiße vorgerückt werden solle. Churchill widersetzte sich damals dem Verlangen der sowjethörigen polnischen Regierung, die westliche Neiße als Grenze zu akzeptieren. In seinen »Erinnerungen« heißt es dazu: »Hier war ein Unrecht im Werden, gegen das unter dem Gesichtspunkt der künftigen Befriedung Europas Elsaß-Lothringen und der Polnische Korridor nicht viel mehr als Kleinigkeiten waren. Eines Tages würden die Deutschen diese Gebiete zurückverlangen und die Polen nicht in der Lage sein, sie aufzuhalten«.

Diese Haltung Churchills in der Deutschland-Frage stand ebenso in Widerspruch zur Atlantik-Charta wie seine Haltung zur polnischen und baltischen Frage.

Im Anfang scheint er freundlichere Absichten im Sinne gehabt zu haben, denn am 8. Januar 1942 schrieb er an seinen Außenminister: »Meiner Ansicht nach steht unsere politische Zuverlässigkeit auf dem Spiel, falls wir von den Grundsätzen der Atlantik-Charta, zu denen sich auch Stalin bekannt hat, abgehen«. Ein Jahr danach war er indessen innerlich von der Atlantik-Charta abgerückt, und auf der Konferenz von Teheran (Ende November 1943) ließ er sie auch öffentlich fallen. So leicht fiel dem britischen Premierminister der Bruch feierlicher Zusicherungen!

In seinen »Erinnerungen« (»I fight to live«, London 1947) faßte der bekannte britische Politiker Lord Boothby sein Urteil über diese Entwicklung folgendermaßen zusammen: Auf der Konferenz von Potsdam, welche durch die Konferenz von Jalta vorbereitet wurde, sei die Atlantik-Charta der Substanz nach zynisch aus dem Fenster geworfen und seien zwischen Rußland, Polen und Deutschland Grenzen gezogen worden, welche – die Curzon-Linie ausgenommen – nicht einen Schatten geographischer oder ethnischer Berechtigung hätten, auch keine Rücksicht auf wirtschaftliche Fakten nähmen. Dies hätte zu der Politik erzwungener Deportationen geführt, bei der Millionen von Deutschen und Polen wie Vieh herumgeschoben worden seien.

Daß aus einer derart erzwungenen Neuordnung kein stabiler Friedenszustand erwachsen kann, hätte ein an der Spitze eines Weltreichs stehender Staatsmann voraussehen müssen. Churchill erkannte indessen nicht, welche Folgen die Verstümmelung und Schwächung der Macht der Mitte haben mußte. Dabei hatte schon Alexis de Tocqueville (1805–1859) vorausgesagt, daß eine Niederwerfung Deutschlands durch die Slawen die Zerstörung des europäischen Gleichgewichts nach sich ziehen würde. Als Lord Morley (1838–1923) Anfang August 1914 aus dem britischen Kabinett ausschied, weil er die Kriegserklärung an das Deutsche Reich mißbilligte, brachte er in seinem Rücktrittsschreiben die Überzeugung zum Ausdruck, daß ein siegreiches Rußland halb Europa unter seine Herrschaft bringen werde. Feldmarschall Smuts war sich von Anfang an klar darüber, daß die Niederlage des Deutschen Reiches einen Koloß an dessen Stelle rücken und damit endgültig die traditionelle europäische Friedensordnung zerstören würde. Marschall Pétain und Admiral Darlan (die 1941 noch annahmen, Großbritannien werde den Krieg verlieren) waren überzeugt, im Falle eines für Deutschland ungünstigen Kriegsausganges werde Europa unter kommunistische Herrschaft fallen.

Während des Krieges erkannte Churchill die heraufziehende Gefahr nicht. Dabei hatte er früher als andere gesehen, was vom Bolschewismus zu halten sei. »Die Theorien von Lenin und Trotzki«, sagte er Anfang 1920 in einer Rede, »haben die Menschen des 20. Jahrhunderts in einen Zustand der Barbarei versetzt, der schlimmer ist als das Steinzeitalter«. In seinem Buch »Nach dem Krieg« (1930) zitiert er einen Satz aus einem Briefe, den er am 24. März 1919 an Premierminister Llyod George gerichtet hat: »Ich glaube nicht, daß zwischen Sowjetrußland und der gegenwärtigen Zivilisation eine wirkliche Harmonie möglich ist«. Gegen die »Bolschewistentyrannei« könne es nur den Krieg geben – denn »der Bolschewist ist nicht ein Idealist, der zufrieden ist, seine Sache durch Argument oder Beispiel zu fördern. Bei der ersten Gelegenheit treibt er sie voran durch Kugel oder Bombe«. Das schob er nun alles beiseite.

Die Weitsicht, die dem britischen Premier abging, zeigte während des Zweiten Weltkriegs der Schweizer Außenminister Marcel Pilet-Golaz (1889–1958). Wie Edgar Bonjour in seiner »Geschichte der schweizerischen Neutralität« (6. Bd. S. 105ff.) gezeigt hat, war dem Minister am 5. Februar 1943 von dem deutschen Gesandten eröffnet worden, wenn es den Russen gelinge, die deutsche Wehrmacht zu zerschlagen, werde ganz Europa vom Kommunismus überflutet werden, es sei deshalb ratsam, die Anglo-Amerikaner zu bewegen, von Deutschland abzulassen. Es müsse auf jeden Fall stark genug bleiben, um Europa vor der Weiterverbreitung des Kommunismus schützen zu können. Der Minister war von dieser Unterredung tief beeindruckt, bat den amerikanischen Gesandten zu sich und wies ihn auf die Gefahr einer Bolschewisierung des Kontinents hin. Der Vorschlag, die Sowjetunion den Krieg allein ausfechten zu lassen, wurde von Roosevelt brüsk abgelehnt. Er hatte sich auf bedingungslose Kapitulation der Achsenmächte festgelegt.

Am 1. Oktober 1943 hat B. Liddell Hart die gleichen Befürchtungen zum Ausdruck gebracht. Es bestehe die Gefahr, sagte er, daß die Sowjetunion das Deutsche Reich als europäische Vormacht ersetzen werde, und das sei auf die Dauer gefährlicher als der bestehende Zustand.

General Fuller, der andere weltbekannte britische Militärschriftsteller, hat sich in seiner »Geschichte des Zweiten Weltkriegs« über die Haltung Churchills folgendermaßen ausgelassen: »Wäre er ein weitsichtiger Staatsmann gewesen, würde er sein Äußerstes getan haben, die Niederschlagung Deutschlands zu verhindern, weil ... das nur die Errichtung einer weit mächtigeren und brutaleren Hegemonie über Europa bedeuten konnte. Zum Unglück für sein eigenes Land und die Welt im allgemeinen war Weitblick nicht Mr. Churchills hervorstechendste Eigenschaft«.

Churchill hat in der Tat nicht erfasst, wohin die Ereignisse sich entwickelten. Der Kommunismus hatte in seinen Augen mit dem 22. Juni 1941 plötzlich die alte Gefährlichkeit verloren, und so versäumte er es, über Sicherungen gegen ein späteres Überhandnehmen des Einflusses der Sowjetunion nachzudenken und rechtzeitig Gegenmaßnahmen zu treffen.

c. Jugoslawien

Im neueren Schrifttum mehren sich die Stimmen, die Churchill auch dafür verantwortlich machen, daß Jugoslawien in das kommunistische Fahrwasser geriet.

Während des Krieges war die jugoslawische Widerstandsbewegung in zwei Gruppen gespalten: in die von General Mihailović (1893, erschossen 1946) geführten, royalistisch eingestellten Tschetniks und in die von Josip Broz gen. Tito (1892–1980) geführten, kommunistisch eingestellten Partisanen. Beide Gruppen bekämpften einander. Die britische Regierung bemühte sich eine zeitlang, sie miteinander zu versöhnen, das mißlang aber. Der im Oktober 1943 zu den streitenden Parteien entsandte Brigadier Fitzroy Maclean warnte Churchill, den Partisanen den Vorzug zu geben. Lasse man die Tschetniks fallen, so werde das zum Sieg des Kommunismus führen. Churchill erwiderte, er solle sich über langfristige Ziele keine Gedanken machen. Im Augenblick komme es darauf an, wer die meisten Deutschen töte, und alle Überlegung sei darauf zu richten, wie man in Zukunft noch mehr töten könne. Da die Partisanen schlagkräftiger waren als die Tschetniks, beschloß er, sich auf ihre Seite zu stellen. Er distanzierte sich deshalb von Mihailović und König Peter und leistete nur noch Tito militärische Unterstützung. Das aber brachte Jugoslawien unter kommunistische Herrschaft.

Das Verhalten Churchills hat im Schrifttum steigend Kritik erfahren. Man hat ihm Wortbruch (erst gegenüber Prinzregent Paul und später gegenüber König Peter) vorgeworfen, ja sogar von Verrat an der Welt des Westens gesprochen. 1945 gab Churchill selber zu, daß seine Politik gegenüber Tito einer der größten Fehler des Krieges gewesen sei. Von den Publikationen aus neuester Zeit ist insbesondere auf das Buch des ehemaligen jugoslawischen Diplomaten und stellvertretenden Außenminister Ilija Jukić (»The Fall of Yougoslavia«, 1974) und das Buch von Andreas Graf Razumowski (»Ein Kampf um Belgrad«, 1980) hinzuweisen. Razumowski kommt zu folgendem Schluß: »Stalin, dem Herrscher über die kommunistische Welt, verdankte Tito seine .. Macht über die KPJ. Die Herrschaft über Jugoslawien nach 1944 verdankte Tito .. Winston Churchill«.

3. Die Fehleinschätzung Stalins

Der Gesinnungswandel bei Churchill wurde vorwiegend durch eine Fehleinschätzung Stalins bewirkt. Seit dieser als Bundesgenosse an die Seite Großbritanniens getreten war, war er nicht mehr der blutrünstige Diktator, sondern »the good old Joe« (Brief Churchills vom 12. August 1941).

Churchill wußte Stalin nicht genug zu rühmen. Am 8. September 1942 bezeichnete er ihn im Unterhaus als eine ganz außergewöhnliche Persönlichkeit – einen Mann von unerschütterlichem Mut und großer Willenskraft, der den Eindruck tiefer Weisheit mache. Am 11. November 1942 erklärte er ebendort, er habe festes Vertrauen in die Weisheit und Gutgläubigkeit dieses außerordentlichen Mannes. Am 22. Februar 1944 versicherte er im Parlament: »Die großen Alliierten glauben, daß ein weites Feld freundschaftlicher Kooperation nach der Vernichtung Hitler-Deutschlands vor ihnen liegt«. Am 2. August 1944 sagte er in einer Rede: »Ich grüße Marschall Stalin, den großen Kämpfer, und ich glaube fest, daß sich unser 20-Jahres-Vertrag mit Rußland als einer der beständigsten und dauerhaftesten Faktoren zur Bewahrung des Friedens, der guten Ordnung und des Fortschritts in Europa erweisen wird«. Am 20. Dezember 1944 erzählte Außenminister Eden dem Schriftsteller und Diplomaten Sir Harold Nicolson, Churchill habe eine wirkliche Neigung (»liking«) für Stalin. Er sage immer, Stalin habe noch nie ein Wort gebrochen. Von der Konferenz in Jalta zurückgekehrt, trug Churchill seinen Ministern vor, Stalin sei eine Persönlichkeit von großer Kraft (»power«), in die er jedes Vertrauen setze. Im Unterhaus erklärte er am 27. Februar 1945, der Eindruck, den er von der Konferenz auf der Krim und allen anderen Kontakten mitbringe, sei der, »daß Marschall Stalin und die Sowjetführer in ehrenhafter Freundschaft auf dem Fuße der Gleichheit mit den Demokratien des Westens zu leben wünschen. Ich fühle auch, daß ihr Wort Bürgschaft ist. Ich kenne keine Regierung, die ... fester zu ihren Verpflichtungen steht als die Sowjetregierung«. Zu Harold Nicolson äußerte er am gleichen Tag, Stalin habe sein Wort immer mit der größten Loyalität gehalten.

Dieses blinde Vertrauen war bei Churchill trotz des Streits um Polen auch auf der Potsdamer Konferenz (Juli 1945) noch nicht geschwunden. Er schenkte Stalin deshalb auch Glauben, als dieser zusicherte, in allen von der Roten Armee befreiten Ländern freie und geheime Wahlen durchführen zu lassen. In einem Trinkspruch sprach Churchill damals in den glühendsten Worten von dem russischen Diktator und nannte ihn »Stalin den Großen«.

Im Laufe des Jahres 1945 kamen ihm dann aber Zweifel. Erste Andeutungen eines Sinneswandels finden sich bereits in einem Brief Churchills an Roosevelt. Dort heißt es in Widerspruch zu seinen gleichzeitigen öffentlichen Erklärungen, Stalin habe die Prinzipien von Jalta »niedergetrampelt«. Am 13. März 1945 kabelt Churchill an Roosevelt: »Wir stehen vor einem großen Fehlschlag und dem völligen Zusammenbruch dessen, was wir in Jalta geregelt haben«. Ein für Roosevelts Amtsnachfolger bestimmtes Exposé vom 4. Mai 1945 enthält dann die überraschende Feststellung, daß ein ungeheurer Machtzuwachs zugunsten der Sowjetunion eingetreten sei: »Wir stehen damit vor einem Ereignis in der Geschichte Europas, für das es keine Parallele gibt, und das die Westmächte am Ende ihres langen und wechselvollen Ringens unvorbereitet trifft«.

> Anderen sind viel früher Bedenken gekommen. Am 13. August 1943 vertraute Feldmarschall Lord Alanbrooke, der oberste militärische Berater Churchills, seinem Tagebuch folgendes an: »Unsere Politik den Russen gegenüber ist nach meinem persönlichen Empfinden von Anfang an falsch gewesen. Wir haben Bücklinge vor ihnen gemacht, alles für sie getan, was wir konnten, und sie niemals um die simpelste Information über ihre Produktion, Stärke, Dispositionen usw. gebeten. Die Folge ist, daß sie uns verachten und nur darauf aus sind, soviel wie möglich aus uns herauszuholen«.

Churchill hat später auch öffentlich zugegeben, daß die Führung der Westmächte auf die eingetretene Entwicklung nicht vorbereitet gewesen ist.

4. Kursänderung?

Es gibt Anzeichen dafür, daß Mitte 1945, als die russische Gefahr erkannt und die Lage explosibel geworden war, innerhalb der britischen politischen Führung erwogen worden ist, das Steuer herumzuwerfen und mit den noch vorhandenen deutschen Verbänden gegen die Russen vorzugehen. Die Militärs hatten eine solche Möglichkeit schon ein Jahr vorher erwogen. Da die einzige europäische Macht, die in der vorhersehbaren Zukunft eine Gefahr bedeuten konnte, die Sowjetunion war, hatten die britischen Stabschefs für den Fall eines Krieges mit Rußland die Mitwirkung deutscher Streitkräfte vorgesehen. Auf die Frage von Abgeordneten, ob der Kriegspremier tatsächlich erwogen habe, deutsche Kriegsgefangene gegen den Bündnispartner marschieren zu lassen, erwiderte Churchill später: »Natürlich, falls die Russen weiter vorrücken sollten«. Bei den Restkontingenten der deutschen Wehrmacht, die sich in Schleswig-Holstein und Mittelitalien in britischer Gefangenschaft befanden (es waren etwa 2 Millionen Mann), wurden deshalb die Befehlsstrukturen aufrechterhalten. Entsprechend war die Behandlung. Diese Verbände waren für Churchill eine Katastrophenreserve für den Fall, daß die Russen an die Nordsee vorrückten. Die geheimen Pläne, die auf britischer Seite bestanden, hat der amerikanische Historiker Arthur Smith unter dem Titel: »Churchills deutsche Armee« in einem Buch behandelt, das 1978 in deutscher Übersetzung erschienen ist.

> Von den amerikanischen Generalen wären einige am liebsten gleich nach Moskau weitermarschiert, so u. a. General Patton. In seinem Buch: »The War between the Generals« (1979) schreibt David Irving: »David Astor told Basil Liddell Hart on May 22 that both Patton and Montgomery had said in private that if there was a danger of war with Russia, it would be better to tackle that danger now than to postpone it: at present, the British and Americans had the air superiority, and the American forces were on the scene and fully mobilized«.

Die Russen marschierten nicht gen Westen. Aber auch wenn sie es getan hätten, wäre eine Übernahme der noch vorhandenen deutschen Verbände mit einem großen Risiko verbunden gewesen. Denn es ist nicht sicher, daß die übermüdeten und stürmisch nach Heimkehr verlangenden britischen und amerikanischen Soldaten bereit gewesen wären, die Deutschen als Bundesgenossen zu akzeptieren und mit ihnen in einen neuen Krieg zu ziehen – gegen ein Land, das eben noch aufs höchste gepriesen worden war. Durch Lord Vansittart, Duff Cooper u. a. waren die Deutschen als das verworfenste Volk der Erde hingestellt worden, dessen Geschichte aus nichts als Mord, Raub und Unterdrückung bestehe. Alle Deutschen seien Verbrecher vom Hitler-Typ, und das sei schon seit den Zeiten des Tacitus so. Dadurch, daß Churchill Duff Cooper zum Informationsminister machte, identifizierte er sich mit dieser Art von Propaganda. Er selbst gebrauchte in seinen Reden für die Deutschen immer nur die Bezeichnung »Hunnen«. Da es nicht seine Art war, in die Zukunft hineinzudenken, bedachte er nicht, was für Barrieren hier aufgerichtet wurden.

5. Churchills außenpolitische Fehlgriffe insgesamt

Zieht man die Summe aus der außenpolitischen Wirksamkeit Churchills, so kommt man zu einem erschütternden Ergebnis. Es verlief alles ganz anders, als er es sich vorgestellt und gewünscht hatte.

1. Das Deutsche Reich sollte nach seinem Willen auseinandergerissen und zerstückelt werden. Schon wenige Jahre nach Kriegsende ergab sich die Notwendigkeit, die drei westlichen Besatzungszonen zusammenzuschließen. Von einem norddeutschen und einem süddeutschen Staatsgebilde mit Sonderstatus für Rhein, Ruhr und Saar sprach kein Mensch mehr.

> Eigenartigerweise hat Churchill, nachdem er zum zweiten Mal Premierminister geworden war, immer noch nicht begriffen, daß es darauf ankam, in der Mitte des Kontinents ein star-

kes Gegengewicht gegen den sowjetrussischen Koloß zu schaffen. Noch am 24. Juli 1953 äußerte er zu seinem Leibarzt: »Mein Plan, Deutschland nicht senkrecht, sondern waagrecht zu teilen, war richtig. Preußen wäre höflich, aber streng beurteilt worden; und im Süden hätte sich ein Staatenbund aus Österreich, Bayern und den übrigen gebildet«. Er war also noch immer für Zerstückelung des Reichs. Dabei wußte er gar nicht, ob die betroffenen Menschen diese Neugliederung gebilligt hätten. Aber darauf kam es ihm ja auch nicht an.

2. Der von Churchill ins Auge gefaßte preußische Teilstaat sollte auf 100 Jahre entmilitarisiert werden. Auch über diesen Plan ging die Entwicklung rasch hinweg. Seit Mitte der 50er Jahre gab es wieder vollbewaffnete deutsche Streitkräfte.

3. Die deutsche Wirtschaft sollte zusammengeschlagen werden, um einen lästigen Konkurrenten auf dem Weltmarkt loszuwerden. Das deutsche »Wirtschaftswunder« machte auch dieses Vorhaben zunichte.

4. Das europäische Gleichgewicht sollte wiederhergestellt werden. Dieses Ziel wurde ebenfalls nicht erreicht. Die Sowjetunion wurde zur Europäischen Vormacht, die es sich leisten konnte, nirgendwo in den von der Roten Armee befreiten Ländern freie Wahlen durchzuführen. Die angelsächsischen Mächte besaßen nicht die Macht, sie zur Einhaltung ihres Versprechens zu zwingen.

Ohne Zweifel wäre die Entwicklung anders verlaufen, wenn man sich Stalin gegenüber rechtzeitig vertraglich abgesichert hätte (auch in bezug auf den Zugang zu Berlin). An solche im Grunde selbstverständlichen Vorsichtsmaßregeln dachte man damals aber nicht. So hat sich auf außenpolitischem Gebiet ein unhaltbares Kalkül an das andere gereiht. Von wirklicher »Staatskunst« konnte hier nicht mehr die Rede sein.

In den Rahmen der großen außenpolitischen Fehlleistungen Churchills gehört auch, daß er die von Roosevelt spontan und eigenmächtig verkündete Klausel von der bedingungslosen Kapitulation widerspruchslos akzeptiert hat. Daß diese Klausel ein schwerer Mißgriff war, wird heute von kaum jemand bestritten. Da die Hauptverantwortung dafür Franklin D. Roosevelt trägt, wird erst später darauf eingegangen werden. Unbestreitbar trägt Churchill aber die Mitverantwortung dafür.

Daß die Außenpolitik Churchills manchmal von geradezu kindlicher Naivität war, zeigt sein Vorschlag für eine Regelung der Balkan-Angelegenheiten. Auf der Konferenz von Moskau im Oktober 1944 wandte er sich an Stalin mit folgendem Vorschlag: »Lassen Sie uns unsere Angelegenheiten auf dem Balkan regeln .. Lassen Sie uns nicht in kleinlicher Weise gegeneinander arbeiten«. Dann notierte er auf einem halben Blatt Papier, welchen prozentualen Anteil die Sowjetunion, Großbritannien und die anderen Alliierten einflußmäßig in den Balkanländern haben sollten. Rumänien: Rußland 90%, die anderen 10%; Griechenland: Großbritannien 90%, Rußland 10%; Bulgarien: Rußland 75%, die anderen 25%; Jugoslawien und Ungarn: Rußland 50%, die anderen 50%. Stalin stimmte sofort zu. Das Ganze war das Werk weniger Minuten gewesen. – Mit dieser »Regelung« war natürlich gar nichts gewonnen. Was bedeuteten praktisch 10 oder 25 oder 50% Einfluß? Mit einer solchen Vereinbarung konnte im Ernstfall niemand etwas Rechtes anfangen. Churchill hat damals selbst zu Stalin gesagt, es komme ihm reichlich zynisch vor, auf diese Weise das Leben von Millionen von Menschen zu »verschachern«. Dieses leichtfertige und verantwortungslose Spiel mit Zahlen und Menschen war makaber. Im übrigen war vorauszusehen, was die Sowjetunion daraus machen würde (und auch gemacht hat).

Wo aber liegt die Erklärung dafür, daß Churchill auf dem Felde der großen Politik in so verhängnisvoller Weise versagen konnte?

Die letzten Ursachen für dieses Versagen sind einmal in der eigenartigen Struktur seiner Persönlichkeit zu suchen; sie resultieren zweitens aus dem falschen Einsatz seiner Kräfte; und sie sind drittens daraus zu erklären, daß Stalin ihm (und Roosevelt) überlegen war.

Es wurde schon erwähnt, daß Churchill ein eingleisig denkender Mensch war und zu den »one-track-minds« gehörte. Er sah immer nur ein Ziel vor sich und wurde dadurch absorbiert. Während des Krieges war das die Vernichtung Hitlers und die Niederschlagung des deutschen Volkes und Reiches. Über diesem Ziel vernachlässigte er die Beobachtung der Gefahren, die anderwärts heraufzogen, und dies führte zu einer Fehleinschätzung Stalins. Der Frage, was mit Deutschland nach Kriegsende werden solle, wandte er zu wenig Aufmerksamkeit zu. Die Fixierung auf Hitler und den Nationalsozialismus hinderte ihn, sich mit der gebotenen Gründlichkeit und rechtzeitig den Problemen der Nachkriegszeit zuzuwenden. Darin lag eine verheerende Unterlassungssünde.

Feldmarschall Smuts sagte am 2. Juni 1944 zu Lord Hankey, er habe leider im Land noch niemand gefunden, der über die Nachkriegsprobleme nachgedacht habe. Und Arthur Greenwood, stellvertretender Führer der Labour-Party, äußerte am 2. August 1944 im Unterhaus während der Aussprache über einen Lagebericht des Premierministers, er vermisse, daß dieser gar nichts über seine Nachkriegspläne und die Zukunft der Welt habe verlauten lassen; das sei ein bedauerlicher Mangel.

Der Grund des Übels war, daß Churchill viel zu viel Zeit und Kraft den Problemen des militärischen Alltags widmete. Das war eine Folge der Leidenschaft für das, was sein Leibarzt »Soldatenspiel« genannt hat. Einer der prominentesten Militärs aus dem militärischen Zentralstab in London, General Sir Henry Pownell, hat diese Besessenheit für »Soldatenspielerei« als eine der vielen beunruhigenden Seiten in Churchills Charakter bezeichnet. Am 20. September 1941 schrieb der General: »Als Führer der Nation ist er großartig ..., aber die Art und Weise, wie er die Geschäfte von Tag zu Tag führt, vor allem sein Eingreifen in Sachen von verhältnismäßig geringfügiger Bedeutung (die er anderen überlassen sollte) ist ganz abscheulich und macht die schon schwierige Aufgabe seiner Mitarbeiter noch schwieriger«. Am 13. September 1944 notierte sein Leibarzt Lord Moran in seinem Tagebuch: »Der PM war so sehr von der Führung des Krieges in Anspruch genommen, daß ihm wenig Zeit blieb, an die Zukunft zu denken«. Damals – auf der Tagung zu Quebec – geschah es bekanntlich, daß er sich ohne die unerlässliche gründliche Vorprüfung für den Morgenthau-Plan (Umwandlung Deutschlands in einen Agrarstaat) einsetzte, eine kaum glaubliche Verirrung, die ihm seine Mitarbeiter nur mühsam wieder ausreden konnten.

> Das Schicksal des Morgenthau-Plans – von Außenminister Hull als Werkzeug »blinder Rache« bezeichnet – zeigt, wie unsicher und schwankend Churchill mitunter in Fragen der großen Politik sein konnte. Als er im September 1944 nach Quebec ging, war er gegen den Plan. Er äußerte: »Ich lasse mein Land nicht an einen Kadaver ketten!« Durch Lord Cherwell, seinen wissenschaftlichen Berater, ließ er sich dann umstimmen. »Wenn dieser Plan Wirklichkeit wird«, hatte dieser gesagt, »sind wir die Konkurrenz der deutschen Industrie los!« Churchill stieß aber auf den entschiedenen Widerstand Edens, der in der Ablehnung des Plans in den amerikanischen Ministern Stimson, Hull und Forrestal sowie in General Marshall Bundesgenossen hatte. Sie alle waren sich klar darüber, daß ein verelendetes Deutschland rasch eine Beute des Kommunismus werden würde. Churchill gab schließlich nach. Außenminister Hull bemerkt in seinen »Erinnerungen« dazu: »Der Premierminister zeigte klar, daß er den Sinn dessen, dem er in Quebec zustimmte, nicht erfaßt hatte«. Und Stimson, der amerikanische Kriegsminister, schrieb damals – wie schon erwähnt – in sein Tagebuch, es sei eine furchtbare Sache, daß in Britannien und den USA die totale Macht in den Händen von zwei Männern, Roosevelt und Churchill, liege, »die beide ähnlich in ihrer Impulsivität und ihrem Mangel an systematischem Studium seien«. – So also wurde im alliierten Lager Weltpolitik betrieben!

Die katastrophalen außenpolitischen Mißerfolge Churchills und Roosevelts sind schließlich aus der bereits mehrfach erwähnten Überlegenheit ihres russischen Gegenspielers zu erklären.

Stalin war unbestreitbar ein Mann von hoher Intelligenz, der es mit der List und Verschlagenheit des Kaukasiers meisterhaft verstand, seine politischen Ziele durchzusetzen. Bei Verhandlungen hörte er den Partner geduldig an, unterbrach sein Schweigen allenfalls durch ein paar Fragen und verlor bei der Erwiderung kein überflüssiges Wort. Fremde Staatsmänner und Generale waren immer wieder beeindruckt durch seine detaillierte Kenntnis der Kriegsmaschinerie.

Als Churchill und Roosevelt Ende November 1943 auf der Konferenz von Teheran mit Stalin zum ersten Mal zusammenkamen, gelang es diesem, die beiden Angelsachsen in zäher Verhandlung zu überspielen (in den Fragen der territorialen Neugliederung setzte Stalin alle seine Wünsche durch). Churchill gestand hinterher seinem Leibarzt ein: »Eine verdammte Menge ist schiefgegangen!«.

Am 4. Januar 1945 schrieb Anthony Eden in sein Tagebuch, Stalin sei der einzige von den dreien, der eine klare Vorstellung von dem habe, was er wünsche, und der auch ein tatkräftiger Verhandler sei.

Während der Konferenz von Jalta notierte Sir Alexander Cadogan in seinem Tagebuch (Eintrag vom 8. Februar 1945): »Ich muß sagen, ich halte Onkel Joe für den bei weitem eindrucksvollsten von den drei Männern. Er ist sehr ruhig und entspannt. Am ersten Tag saß er anderthalb Stunden da, ohne ein Wort zu sagen .. Der Präsident bewegte sich hin und her, und der P.M. brummte. Joe aber saß da, nahm alles in sich auf und schien ziemlich amüsiert. Wenn er eingriff, gebrauchte er nie ein überflüssiges Wort und sprach immer zu dem Kernpunkt. Er hat offensichtlich guten Sinn für Humor und besitzt ein lebhaftes Temperament«.

Am 11. Februar vermerkte er, Joe sei äußerst gut: »Er ist ein großer Mann und hebt sich sehr eindrucksvoll gegen den Hintergrund der beiden anderen alternden Staatsmänner ab«.

In Jalta setzte Stalin wieder alles durch, was er wünschte. Die beiden westlichen Staatsmänner waren ihm einfach nicht gewachsen. Das war ein großes Unglück für die freie Welt.

> Lord Boothby richtete eines Tages an Feldmarschall Montgomery die Frage, welches wohl Stalins größter Sieg gewesen sei. Als Antwort erwartete er die Schlacht bei Kursk oder die bei Stalingrad. Die Antwort lautete indessen – Jalta.

In der neueren Geschichte hat es wenig Staatsmänner gegeben, die außenpolitisch ein solches Trümmerfeld hinterlassen haben wie Winston S. Churchill. In seinem Telegramm an Roosevelt vom 13. März 1945 hat er selber die Worte *»great failure«* gebraucht.

III. Die Kriegsverbrechen, für die er Verantwortung trägt

Churchill hat Hitler mehrfach zum Vorwurf gemacht, er habe kein Verhältnis zum Recht und setze sich darüber hinweg, wann immer es ihm passend erscheine. Man kommt leider nicht um die Feststellung herum, daß es sich bei Churchill nicht besser verhielt. Auch er war bereit, sich über die Schranken des Rechts hinwegzusetzen, wenn immer er es aus Gründen der Staatsräson für richtig hielt. Er hatte in dieser Hinsicht nicht die geringsten Skrupel.

Es sei nur an folgendes erinnert: Als im Sommer 1944 die Beschießung Großbritanniens mit V-Waffen einsetzte, ließ er im Juni 1944 den Einsatz von Giftgas und Bakterien gegen Deutschland vorbereiten. Wie aus Dokumenten hervorgeht, die von einem BBC-Reporter entdeckt wurden, war geplant, durch 2700 Flugzeuge der britischen Luftwaffe über Berlin, Hamburg, Frankfurt und Stuttgart Milzbranderreger abwerfen zu lassen. Milzbrand ist eine für Mensch und Tier tödliche Seuche. Ein Angriff dieses Umfangs hätte den Tod von drei Millionen Menschen zur Folge haben können. Gleichzeitig wurde ins Auge gefaßt, das Ruhrgebiet und andere Teile Deutschlands mit Giftgas zu überziehen. Nach Ansicht eines britischen Experten wären die mit Milzbrandbakterien bombardierten Städte heute noch nicht bewohnbar. Der Einsatz derartiger Mittel war durch das Völkerrecht streng verboten. Churchill kümmerte das nicht.

Churchills gebrochenes Verhältnis zum Recht ist auch an dem erkennbar, was er zu Stalins Säuberung des russischen Offizierkorps geäußert hat. Bekanntlich wurden zwischen 1934 und 1938 in Sowjetrußland durch Erschießen liquidiert: zwei von fünf Marschällen, 13 von 15 Armeegeneralen, 62 von 68 Korpskommandeuren, 110 von 195 Divisionskommandeuren und 220 von 406 Brigadekommandeuren. Churchill fand das in Ordnung. »Stalin hatte völlig recht«, sagte er am 8. Juli 1945 zu seinem Leibarzt. »Diese Offiziere handelten gegen ihr Vaterland«. Man kann dazu nur die Frage stellen, woher er wußte, daß diese Offiziere gegen ihr Vaterland gehandelt hatten. Churchill dürfte der einzige westliche Politiker gewesen sein, der dieses gigantische Blutbad rechtlich und moralisch gebilligt hat.

Wie wenig selbstverständlich für ihn die Einhaltung elementarer Rechtsgrundsätze war, zeigte sich auch in der Kriegsverbrecherfrage. Er war lange Zeit gegen gerichtliche Aburteilung der Beschuldigten und plädierte dafür, die sogen. »top-Criminals« ohne weitere Umstände an die Wand zu stellen und zu erschießen. Daß das völkerrechtlich nicht zulässig ist, kümmerte ihn nicht. Dabei hatte er 1919 als Kriegsminister die im Rheinland stationierten britischen Truppen ausdrücklich angewiesen, keine Exekution ohne vorgängige Aburteilung durchzuführen: »Even the worst criminals were entitled to an trial«, hieß es in seinem Erlaß. Und auf der Konferenz von Teheran Ende November 1943 hatte er sich dem Vorschlag Stalins, 50.000 Offiziere und andere Angehörige der deutschen Führungsschicht kurzerhand zu erschießen, noch entschieden widersetzt. Für deutsche Kriegsverbrecher sollte das alles nun nicht mehr gelten.

Man kann darüber streiten, ob durch die Atlantik-Charta Rechtspflichten oder bloß moralische Pflichten begründet worden sind. Die Art, wie sich Churchill hier und in ähnlichen Fällen verhalten hat, zeigt aber, daß er – wenn es ihm darauf ankam – über moralische Verpflichtungen genauso bedenkenlos hinwegschritt wie über rechtliche. Die Staatsräson ließ ihn vor nichts zurückschrecken.

In einigen Fällen hat ihn diese rechtliche und moralische Unbekümmertheit sogar in schwere Kriegsverbrechen verstrickt.

1. Der Überfall auf die französische Hochseeflotte

Am 2. Juli 1940 erhielten die unter dem Befehl des Admirals Somerville stehenden britischen Seestreitkräfte den Befehl, die in Oran und Mers-el-Kébir liegenden Schiffe der französischen Hochseeflotte zur Übergabe bzw. Selbstversenkung aufzufordern und sie im Weigerungsfall anzugreifen und zu vernichten. Dieser Befehl beruhte auf einem Beschluß des Kriegskabinetts, in dem der Premierminister den Vorsitz führte. Die Tat wird heute Churchill allein zugerechnet. Wie Stephan Roskill, der Historiker der britischen Seekriegführung, geschrieben hat, dokumentierte sich in ihr der grausame Zug in seinem Charakter.

Bei den drei Flaggoffizieren im Mittelmeer, den Admiralen Somerville, Cunningham und North, rief dieser grob dem Völkerrecht widersprechende Befehl zuerst ungläubiges Staunen und dann Abscheu hervor. Admiral Somerville war der Meinung, daß ihm hier »a filthy job« – »ein schmutziges Stück Arbeit« – anbefohlen werde. Die drei Seeoffiziere unternahmen alles, was in ihrer Macht stand, die Ausführung dieses Befehls hinauszuschieben und eine Lösung im Verhandlungsweg zu erreichen (wie es bei den vor Alexandria liegenden französischen Einheiten auch gelang). Churchill wurde aber ungeduldig und setzte Admiral Somerville derart unter Druck, daß dieser nachgab und nach endgültigem Scheitern der Verhandlungen den Angriff am 3. Juli 1940 ausführte.

Im Zuge der nur zehn Minuten dauernden Beschießung wurde ein Schlachtschiff in die Luft gesprengt, ein zweites geriet auf Grund und ein drittes strandete. Nur ein Schlachtschiff entkam beschädigt nach Toulon. Bei dieser Aktion wurden 1720 französische Seeleute getötet und 380 verwundet.

Am 4. Juli berichtete Churchill dem Unterhaus über den Angriff. Er behauptete, dieser sei deshalb notwendig geworden, weil verhindert werden mußte, daß die französische Hochseeflotte in die Hände der Achsenmächte fiel und diese dadurch zur See das Übergewicht erlangten. Großbritannien habe sich in einer Notlage befunden. Nach Schluß der Rede sprangen die Abgeordneten von ihren Sitzen auf und spendeten langanhaltenden Beifall. Daß hier ein schwerer und blutiger Rechtsbruch geschehen war, kümmerte sie nicht. In seinen »Erinnerungen« schloß Churchill an die Schilderung des Falles folgende aufschlußreichen Worte an: »Die Welt konnte nicht mehr daran zweifeln, daß das englische Kriegskabinett vor nichts zurückschrecken und vor nichts haltmachen würde«.

Französischerseits ist darauf hingewiesen worden, daß die britische Vorherrschaft zur See nicht gefährdet gewesen wäre, wenn sich die Achsenmächte der in Nordafrika liegenden Schiffe hätten bemächtigen können, denn sie machten nur einen Teil der französischen Kriegsflotte aus. Darüber hinaus lag ein Geheimbefehl vor, der allen Einheiten zur Pflicht machte, sich einem etwaigen Zugriff durch Selbstversenkung zu entziehen. Die behauptete Gefahr bestand also nur in der Einbildung des britischen Premierministers.

Lord Hankey, der langjährige Sekretär des Britischen Kabinetts, hat in seinem Buch: »Politics, Trials and Errors« (London 1950) den Überfall von Oran und Mers-el-Kébir mit dem Überfall Nelsons auf die dänische Flotte bei Kopenhagen im April 1804 verglichen. Heute, sagt Hankey, wäre Nelson als Kriegsverbrecher gehängt worden, und auch Churchill hätte eine schwere Strafe erhalten, wenn es für seine Aburteilung einen deutschen oder französischen Gerichtshof gegeben hätte.

Der britische Premierminister ist wegen dieses völkerrechtswidrigen, blutigen Überfalls nicht zur Rechenschaft gezogen worden. Auch Admiral Somerville hätte sich deswegen verantworten müssen, da ihm der verbrecherische Charakter des an ihn ergangenen Befehls nicht zweifelhaft war. Es ist indessen weder gegen den Premierminister noch gegen den Admiral etwas unternommen worden; sie gehörten ja der siegreichen Seite an.

2. Die britische Luftkriegführung

Für die britische Kriegführung wurde der 14. Februar 1942 zu einem schicksalhaften Datum. An diesem Tag riß nämlich das unter dem Vorsitz von Winston Churchill stehende britische Kriegskabinett das Steuer herum. Waren bisher grundsätzlich nur militärische oder industrielle Objekte Angriffsziel der britischen Luftangriffe gewesen (wobei es naturgemäß immer auch Opfer unter der Zivilbevölkerung gab), so wurden jetzt Wohngebiete zum Hauptangriffsobjekt gemacht, mit der erklärten Absicht, die Moral des deutschen Volkes zu brechen. Diese Angriffe auf die Zivilbevölkerung überwogen bald und drängten die militärisch bestimmten in den Hintergrund. An die Stelle von zielgerichteten Angriffen (»selected attacks«) traten Flächenbombardements (»widespread« oder »area bombing«), durch die gewaltige Verluste unter der Zivilbevölkerung bewirkt und ungeheure Sachschäden angerichtet wurden. Auf britischer Seite prägte man für diese Art der Luftkriegführung den Ausdruck »Strategic Bombing«. Deutscherseits hat man diese Angriffe als »Terrorangriffe« bezeichnet und als völkerrechtswidrig gebrandmarkt. Wie Liddell Hart in seiner »Geschichte des Zweiten Weltkriegs« zutreffend festgestellt hat, wurde mit der Anweisung vom 14. Februar 1942 »die Terrorisierung des Gegners zur offiziellen Politik der britischen Regierung«.

Bei Beginn des Krieges durfte man annehmen, die Zivilbevölkerung werde geschont werden. Denn als Präsident Roosevelt am 1. September 1939 an die Kriegführenden den Appell richtete, unter keinen Umständen die Zivilbevölkerung anzugreifen, antworteten alle Kriegführenden positiv. Auch Hitler stimmte zu. Seine Absicht war es, die deutsche Luftwaffe in erster Linie zur Unterstützung der kämpfenden Truppe zu verwenden, der amerikanische Vorschlag kam deshalb seinen Wünschen entgegen.

Im Sinne dessen, worauf sich die Kriegführenden soeben geeinigt hatten, erklärte Premierminister Neville Chamberlain damals im Unterhaus: »Wie weit auch andere gehen mögen, Seiner Majestät Regierung wird zu Zwecken des Terrors niemals zu bewußtem Angriff auf Frauen und Kinder und andere Zivilpersonen Zuflucht nehmen«. Die britischen Stabschefs verpflichteten sich um die gleiche Zeit auch ihrerseits, von Angriffen auf die Zivilbevölkerung zum Zweck der Demoralisierung Abstand zu nehmen. Diese Erklärungen sollten bald in Vergessenheit geraten.

Den Übergang zu Angriffen à la Coventry – das heißt Bombardierung militärisch relevanter Ziele in Feindesland unter Inkaufnahme der damit verbundenen Opfer aus der Zivilbevölkerung – vollzog die britische Luftkriegführung am 11. Mai 1940.

In Ausführung eines an diesem Tag ergangenen Befehls erfolgten jetzt massierte Angriffe auf innerhalb deutscher Städte gelegene industrielle Ziele, u. a. auf München, Hannover und Berlin. Berlin allein wurde damals innerhalb von zwei Wochen nicht weniger als sechsmal angegriffen. Die daraufhin auf London erfolgenden Angriffe wurden deutscherseits als Repressalien bezeichnet. Bei allen diesen Angriffen gab es in der deutschen Zivilbevölkerung zahlreiche Tote und Verwundete; sie erfolgten sämtlich vor der Bombardierung von Coventry.

Als dann am 14. November 1940 das Rüstungszentrum Coventry (»Klein-Essen« genannt) zum Objekt eines Großangriffs gemacht wurde, gab es außer beträchtlichen Schäden an nichtmilitärischen Gebäuden 380 Tote und 800 Verwundete. Wie am 16. November 1940 in der »Times« zu lesen war, wurde die Zielsicherheit der Bombenwürfe durch die sehr starke Flakabwehr beeinträchtigt, welche die angreifenden Flugzeuge in so große Höhe zwang, daß sie die zahlreich vorhandenen, militärisch wichtigen Ziele nicht genau anvisieren konnten.

Daß es nicht die deutsche Luftwaffe, sondern die Royal Air Force gewesen ist, die den Luftkrieg von den Kampfhandlungen auf der Erde weggeführt hat, wird heute britischerseits zugegeben. Ebenso wird nicht mehr bestritten, daß es sich bei den Luftangriffen auf Warschau (September 1939) und Rotterdam (Mai 1940) um Angriffe gehandelt hat, die im Rahmen von Kampfhandlungen erfolgt, völkerrechtlich also nicht zu beanstanden waren. Im Nürnberger Kriegsverbrecherprozeß ist Hermann Göring deshalb auch nicht angeklagt worden.

Hier sind im deutschen Volk noch viele falsche Vorstellungen im Umlauf. Immer wieder bekommt man zu hören, die deutsche Luftwaffe habe mit »Terrorangriffen« (auf Warschau, Rotterdam und Coventry) den Anfang gemacht. Das hat der bekannte Oxforder Historiker A. J. P. Taylor in seiner »English History 1914–1945« bereits richtiggestellt (S. 453):

> »The British initiative is fairly clear. The German bombing of Warsaw and Rotterdam was part of a military campaign, an extension of previous artillery bombardments against defended towns. The Blitz began only after the British had been bombing German towns for five months. J. M. Spaight, principal assistant secretary to the air ministry, writes: ›We began to bomb objectives in the German mainland before the Germans began to bomb objectives on the British mainland‹.«

> »Die britische Initiative ist völlig klar. Die deutsche Bombardierung von Warschau und Rotterdam war Teil eines militärischen Feldzugs, eine Ausdehnung vorausgegangener Artilleriebeschießung verteidigter Städte. Der Blitz (die Luftangriffe auf London) begann erst, nachdem die Briten schon fünf Monate lang deutsche Städte bombadiert hatten. J. M. Spaight, Hauptabteilungsleiter im Luftfahrtministerium, schreibt: ›Wir fingen an, Objekte im deutschen Heimatland zu bombardieren, bevor die Deutschen begannen, Ziele auf dem britischen Festland zu bombardieren‹«. J. M. Spaight war die erste britische Autorität auf dem Gebiete des Luftkriegrechts.

B. Liddell Hart äußerte sich in seinem Buch »The Revolution in Warfare« (S. 85) in gleicher Weise. Auch er sah in den Bombardierungen von Warschau und Rotterdam völkerrechtlich nicht zu beanstandende Kampfhandlungen, weil sie Teil der militärischen Operationen auf der Erde waren. Was aber die Angriffe auf London und Coventry betreffe, so habe gegen sie vom völkerrechtlichen Standpunkt deshalb nichts eingewendet werden können, weil sie Repressalien gegen die Bombardierung von Berlin und anderen deutschen Städten gewesen seien. Liddell Hart bemerkt dazu folgendes:

> Die Neuorientierung auf deutscher Seite könne »kaum vor September 1940 datiert werden, als mit der nächtlichen Bombardierung von London begonnen wurde, als Folge von sechs sukzessiven Angriffen auf Berlin während der vorangegangenen 14 Tage. Die Deutschen waren deshalb eindeutig (»strict«) gerechtfertigt, dies als Repressalie zu bezeichnen, speziell da sie vor unserem sechsten Angriff auf Berlin angekündigt hatten, sie würden entsprechend vorgehen, falls wir unsere Nachtangriffe auf Berlin nicht einstellten«.

Auch Liddell Hart hat erklärt, es seien nicht die deutschen, sondern die britischen Luftstreitkräfte gewesen, die mit Angriffen à la Coventry den Anfang gemacht hätten.

> Genau wie der Militärschriftsteller hat auch Emrys Hughes, der bekannte britische Journalist und Politiker, in einer (sehr kritischen) Churchill-Biographie eingeräumt, daß sein Land und nicht das Deutsche Reich es gewesen ist, das mit Luftangriffen begonnen hat, die von den militärischen Operationen zu Lande unabhängig waren: »Der erste Angriff dieser Art wurde von 18 britischen Whitley-Bombern in der Nacht vom 11. Mai 1940 gegen Westdeutschland geflogen. Bis dahin waren lediglich militärische Ziele oder belagerte Städte mit Bomben angegriffen worden«.

Churchill ging diese Ausdehnung der Luftangriffe nicht weit genug. In einer Denkschrift, die das Datum des 3. September 1940 trägt, forderte er von der Führung der Royal Air Force, von den »selective attacks« (zielgerichteten Angriffen) zu den »widespread attacks« (area bombing, Flächenbomardements) überzugehen, mit dem Ziel, durch Zerstörung der Wohngebiete in den Städten den Kampfgeist im deutschen Volk zu untergraben.

Vor dem Kriege war Churchill nicht dafür gewesen, die Luftwaffe gegen die Zivilbevölkerung einzusetzen. Er hatte zwar befürchtet, daß es bei neuen kriegerischen Entwicklungen zu einem solchen Einsatz kommen werde: »Das nächste Mal wird es sich vielleicht darum handeln, Weiber und Kinder oder die Zivilbevölkerung überhaupt zu töten, und die Siegesgöttin wird sich entsetzt jenem vermählen, der dies in gewaltigstem Umfang zu organisieren verstand« (so in seinem 1930 erschienenen Memoirenwerk »Nach dem Kriege«). Er war damals aber noch entschieden dagegen, die Zivilbevölkerung in das Kriegsgeschehen einzubeziehen.

Im Unterhaus nannte er es am 7. Juli 1935 »verabscheuungswürdig«, daß in Menschenhirnen der Gedanke Eingang gefunden habe, Nationen durch Terrorisierung der schutzlosen Zivilbevölkerung, durch Massakrierung von Frauen und Kindern, zur Kapitulation zu zwingen.

In einem Aufsatz, der am 1. Mai 1938 in den »News of the World« erschien und in mehreren Millionen Abdrucken verbreitet wurde, bezeichnete er diejenigen, die Bomben auf die Zivilbevölkerung abwürfen, als *»accursed air murderer«* – abscheuliche, gottlose Mörder aus der Luft. Er bemerkte dazu: »Ich glaube nicht an Repressalien gegen die feindliche Zivilbevölkerung. Im Gegenteil, je mehr sie versuchen, unsere Frauen und Kinder zu töten, desto mehr sollten wir uns damit beschäftigen, ihre Kämpfer zu töten und den technischen Apparat zu zerschlagen, von dem das Leben ihrer Armeen abhängt. Das ist der weitaus beste Weg für die Verteidigung der hilflosen Massen gegen die Bestialität des modernen Krieges«.

Jetzt (1940) war er es, der von seiner Luftwaffe kategorisch verlangte, daß sie ihre Kriegführung auf die Tötung von Frauen und Kindern und anderen Zivilpersonen umstellte, das heißt auf das, was er vor vier Jahren noch als »ruchlosen Mord« bezeichnet hatte.

Die Führung der Royal Air Force war der geforderten Umstellung ihrer Strategie nicht geneigt. Am 7. September 1939 übersandte Luftmarschall Slessor dem Luftwaffenchef eine Denkschrift, in der er erklärte: »Unterschiedslose Angriffe auf die Zivilbevölkerung als solche werden niemals Bestandteil unserer Politik sein«. Als der Premierminister später aber darauf bestand – er war der Überzeugung, das deutsche Volk könne allein durch massierte Luftangriffe in die Knie gezwungen werden – gaben die Offiziere schließlich nach. So kam es zu dem Entschluß, die deutsche Bevölkerung direkt anzugreifen.

Die am 14. Februar 1942 von dem britischen Kriegskabinett beschlossene bzw. nachträglich gebilligte Direktive brachte folgende Neuerung:[1])

> »Es ist beschlossen worden, daß das Hauptziel der Operationen die Moral der feindlichen Zivilbevölkerung, vor allem der industriellen Arbeiterschaft sein soll«.

Die Luftangriffe waren also jetzt in erster Linie dazu bestimmt, »die deutsche industrielle Bevölkerung heimat- und mutlos zu machen und sie – soweit möglich – zu töten« (so wörtlich das offizielle britische Werk über den Bombenkrieg von Webster-Frankland Vol. IV S. 22). Es verdient vermerkt zu werden, daß an diesem Beschluß die führenden Vertreter der Labour-Partei mitgewirkt haben.

In Zukunft sollten also die britischen Luftangriffe primär gegen Wohngebiete gerichtet werden. Um das ganz klar zu stellen wies der Chef der Royal Air Force, Luftmarschall Sir Charles Portal (später Lord Portal of Hungerford), die Führung der Bomberstreitkräfte in einer ergänzenden Weisung noch einmal ausdrücklich darauf hin, Angriffsobjekte seien hinfort geschlossene Ortschaften (»built-up areas«), nicht etwa Docks oder Rüstungsbetriebe. Die Voraussetzung militärischer Relevanz der Ziele wurde somit fallen gelassen. Die Weisung erging, nachdem ein Jahr vorher der Bischof von Chichester an die »Times« geschrieben hatte: »Es ist barbarisch, unbewaffnete Frauen und Kinder zum gezielten Objekt von Angriffen zu machen«. Die britische Führung ließ sich durch solche Stimmen nicht von ihrem Weg abbringen. Schätzungsweise 400.000 deutsche Frauen und Kinder mußten diese Neuorientierung mit ihrem Leben bezahlen.

Auf der Konferenz von Casablanca wurde die Direktive vom 14. Februar 1942 auf die amerikanischen Luftstreitkräfte übertragen (Weisung vom 21. Januar

---

[1]) Der vollständige Wortlaut der Direktive vom 14. 2. 1942 bei Webster-Frankland. Vol. IV. S. 143ff.

1943)²). Auch für sie war hinfort die deutsche Zivilbevölkerung Hauptangriffsziel.

Das britische Bomberkommando wurde unter den Befehl des Luftmarschalls Sir Arthur Harris (»Bomber-Harris«) gestellt, eines brutalen, kalten, skrupellosen, rücksichtslosen Mannes, dem humanitäre Regungen fremd waren³). Seine Aufgabe sah er – wie er selbst es ausgedrückt hat – »in der Zerstörung deutscher Städte, der Tötung deutscher Arbeiter und der Unterbindung zivilisierten Gemeinschaftslebens in ganz Deutschland«. Entschiedener Anhänger der neuen Luftkriegführung, drängte er auf Bombardierung und Zerstörung immer neuer deutscher Städte. Er war davon überzeugt, es werde gelingen, die Deutschen allein aus der Luft niederzukämpfen. Daß diese Bombardierungspraxis mit schrecklichen Opfern unter der Zivilbevölkerung, insbesondere dem Tod von unzähligen Frauen und Kindern, verbunden war, rührte ihn nicht. Von ihm ist kein einziges Wort echten Bedauerns über das, was er angerichtet hat, überliefert. Er genoß allezeit die volle Unterstützung seines Premierministers. In dem Werk von Webster-Frankland (Bd. III S. 79) wird betont: »Niemals in der britischen Geschichte hat ein derart wichtiger Oberbefehlshaber ständig in so engem Kontakt zu dem Zentrum der Regierungsgewalt gestanden wie Sir Arthur Harris zu Mr. Churchill«.

a. Die Bombardierung Hamburgs

Nach Angriffen auf Lübeck und Rostock bedeutete der Tausend-Bomber-Angriff auf Köln (30. und 31. Mai 1942) wegen der gewaltigen Zahl der eingesetzten Flugzeuge einen Wendepunkt in der Geschichte des Luftkriegs. Dieser Angriff verursachte zwar 2500 größere Brände und erheblich Verluste unter der Zivilbevölkerung, es kam dabei aber nicht zu Block- oder Flächenbränden größeren Umfangs.

Dies änderte sich, als in der Zeit zwischen dem 25. Juli und 3. August 1943 2700 britische und amerikanische Flugzeuge in sieben Großaktionen Hamburg angriffen. Die vielen tausend Brandbomben lösten, durch ungewöhnliche Witterungsbedingungen begünstigt, einen Feuersturm aus, durch den ungeheure Zerstörungen bewirkt, 55.000 Menschen getötet und rund 100.000 verletzt wurden.

---

²) Der vollständige Wortlaut der Direktive von Casablanca lautete: »Your primary object will be the progressive destruction of the German military, industriel and economic system, and the undermining of the morale of the German people to a point where their capacity of armed resistance is fatally weakened«.

³) Anfang September 1982 wurde der Luftmarschall aus Anlaß der Vollendung des 90. Lebensjahrs durch ein großes Festbankett geehrt.

Die Angriffe auf Hamburg gehören zu dem Schrecklichsten, was jemals von Menschengeist ersonnen und durchgeführt worden ist. Sir Arthur Harris, der Chef des Britischen Bomberkommandos, hat in seinem Buch »Bomber Offensive« (1947) behauptet, das Hamburger Inferno sei schlimmer gewesen als das nach Abwurf der beiden Atombomben in Japan. Der spätere Oberbranddirektor Hans Brunswig, während der Angriffe im Stab des Kommandeurs der Hamburger Feuerschutzpolizei tätig, hat die Ereignisse in einem mit zahlreichen Abbildungen versehenen Buch festgehalten. (»Feuersturm über Hamburg«. 3. Aufl. 1979).

Die bombardierten Bezirke wurden durch die Angriffe in ein gewaltiges Feuermeer verwandelt. Der Feuersturm erzeugte Temperaturen bis zu 1000° und einen solchen Wind, daß man sich im Freien nur kriechend und an Geländern festhaltend bewegen konnte. Vielen raubte die unerträgliche Hitze die Atemluft, so daß sie erstickten. Menschen, die in den Feuerwirbel hineingerieten, »wurden augenblicklich wie in einem Feuerofen verbrannt«, heißt es bei Brunswig (S. 268). »Dadurch erklärt sich auch der so unterschiedliche Zustand der auf den Straßen liegenden Toten – vom Häuflein Asche über regelrechte ›Brandleichen‹ bis zu äußerlich völlig unversehrten Menschen«. Manche konnten sich dadurch retten, daß sie in die Kanäle sprangen; viele ertranken dabei. Auf den Straßen lagen Tausende von Toten, die bei der herrschenden Sommerhitze die Luft verpesteten.

> In dem amtlichen »Hamburg-Bericht« wird erklärt, es werde keiner Phantasie jemals gelingen können, die Szenen des Schreckens und Grauens zu ermessen und zu beschreiben: »Kinder wurden durch die Gewalt des Orkans von der Hand der Eltern gerissen und ins Feuer gewirbelt. Menschen, die sich gerettet glaubten, fielen vor der alles vernichtenden Gewalt der Hitze um und starben in Augenblicken. Flüchtende mußten sich ihren Weg über Sterbende und Tote bahnen. Kranke und Gebrechliche mußten von ihren Rettern zurückgelassen werden, da diese selbst in Gefahr gerieten, zu verbrennen... Die Straßen waren mit Hunderten von Leichen bedeckt. Mütter mit ihren Kindern, Männer, Greise, verbrannt, verkohlt, unversehrt und bekleidet, nackend und in wächserner Blässe wie Schaufensterpuppen, lagen in jeder Stellung, ruhig und friedlich oder verkrampft, den Todeskampf im letzten Ausdruck des Gesichts. Die Schutzräume boten das gleiche Bild, grausiger noch in seiner Wirkung, da es zum Teil den letzten verzweifelten Kampf gegen ein erbarmungsloses Schicksal zeigte. Saßen an einer Stelle die Schutzraum-Insassen ruhig, friedlich und unversehrt wie Schlafende auf ihren Stühlen, durch Kohlenmonoxydgas ahnungslos und ohne Schmerzen getötet, so zeigt die Lage von Knochenresten und Schädeln in anderen Schutzräumen, wie ihre Insassen nach Flucht und Rettung aus dem verschütteten Gefängnis gesucht hatten...« (S. 291/2).

Hamburg war in jenen zehn Tagen ein Inferno. In der Geschichte menschlicher Grausamkeit werden die britischen und amerikanischen Luftangriffe auf Hamburg für alle Zeiten eine Spitzenstellung einnehmen. Da es Churchill gewesen ist, der der Luftkriegführung seines Landes diese Richtung gegeben hat, gehört die Bombardierung Hamburgs mit ihren 55.000 Toten auf sein Schuldkonto.

George F. Kennan hat in seinen »Memoirs« (1967) die Zerstörung Hamburgs als einen Akt gekennzeichnet, der durch nichts zu rechtfertigen sei, und hinzugefügt, der Westen habe zu lernen, daß Kriege nicht nur militärisch, sondern auch moralisch zu führen seien.

b. Die Zerstörung Dresdens

Einen neuen, grausigen Höhepunkt erreichten die Flächenbombardements am 13., 14. und 15. Februar und 2. März 1945 in Dresden.

Am 9. Februar 1944 hatte George Bell, der Bischof von Chichester, in einer Rede im Britischen Oberhaus die Strategie der Flächenbombardements mit der Tötung von Tausenden von Zivilpersonen und der Vernichtung unersetzlicher Kulturgüter als moralisch verwerflich, humanitär untragbar und grob völkerrechtswidrig bezeichnet. »Das, meine Lords«, sagte er, »ist keine vertretbare Form der Kriegführung mehr«. Er warnte insbesondere davor, Städte mit Kulturdenkmälern anzugreifen. An der Spitze der Städte, die er beim Namen nannte, stand Dresden.

Die Stadt war bis dahin noch nicht angegriffen worden, es gab dort auch nicht ein einziges Flakgeschütz. Dresden war Anfang 1945 mit Flüchtlingen überfüllt; es dürfte sich in jenen Tagen über eine Million Menschen darin aufgehalten haben. Da die Stadt bisher verschont geblieben war (sie war nicht in der Angriffsliste der Air Force enthalten), nahm man an, das sei bewußt geschehen, weil es sich bei Dresden um ein städtebauliches Kleinod handelte.

Da das Ende des Krieges greifbar nahe war, hätte man in der Tat annehmen dürfen, Churchill werde sagen: »Es ist genug Blut geflossen – nehmen wir von weiteren Angriffen Abstand!« Stattdessen zwang er dem Führungsstab der Royal Air Force und dem (widerstrebenden) Bomberkommando einen weiteren Großangriff auf, und von den von ihm ins Auge gefaßten, noch verhältnismäßig intakten Angriffsobjekten – Leipzig, Chemnitz und Dresden – wurde Dresden ausgewählt.

Das Wort Dresden hätte Churchill stutzen lassen müssen. Es kann ihm nicht unbekannt gewesen sein, daß es sich bei Dresden mit seiner Barockarchitektur um ein Städtebild von unvergleichlicher, einmaliger Schönheit handelte, das anzugreifen oder gar zu zerstören einem Sakrileg gleichkam. Die Frauenkirche stellte nach dem Urteil der Kunsthistoriker »den bedeutendsten Beitrag des deutschen Protestantismus zum Sakralbau des 18. Jahrhunderts dar« (sie brannte total aus und stürzte in sich zusammen). Die katholische Hofkirche war »eine der glücklichsten Schöpfungen der abendländischen Architekten des 18. Jahrhunderts« und der Zentralpunkt für die großartige Ansicht der Dresdener Elbfront (sie wurde derart beschädigt, daß ihre Wiederherstellung viele Jahre brauchte). Einzigartig auch der Zwinger, eine Architekturgattung ganz für sich (er brannte vollständig aus; sein Wiederaufbau war erst 1964 abgeschlossen). Außer Prag war keine Stadt reicher an barocken Adelspalästen (sie brannten aus und sanken für immer in sich zusammen). Keine Stadt wies eine solche Fülle wohlerhaltener Bürgerhäuser auf – »die sich zu Häuserzeilen und Straßenfronten von wundervoller Einheitlichkeit zusammenschlossen« (sie sind für alle Zeiten dahin).

Da Dresden bis zum Februar 1945 nicht angegriffen worden war, nahm man an, die herrliche Stadt werde bewußt geschont. Ein britischer Staatsmann und Premierminister werde sich hüten, ein solches Kleinod – Besitz nicht nur Deutschlands und Europas, sondern der gesamten Menschheit – anzutasten. Man sollte grausam enttäuscht werden.

Gegen Dresden wurde im Sinne der Anordnungen Churchills jetzt noch einmal der ganze gewaltige Apparat der britischen und amerikanischen Bomberstreitkräfte zum Einsatz gebracht. Nach Behauptung Liddell Harts (in seiner »Geschichte des Zweiten Weltkriegs«) erfolgte dieser große Terrorangriff »in der bewußten Absicht, ein Blutbad unter der Zivilbevölkerung und den vielen Flüchtlingen anzurichten«. Die Angriffe richteten sich gegen das Stadtzentrum, nicht das Bahngelände oder das Industriegebiet.

Durch fünf Großaktionen wurde der Kern der Stadt völlig zerstört und unter den darin befindlichen Menschen ein ungeheures Blutbad angerichtet. Ausmaß und Wucht der Angriffe werden durch folgende Zahlen verdeutlicht: Am späten Abend des 13. Februar griffen 244 britische Flugzeuge die Stadt an, zwischen 1 und 2 Uhr in der Frühe des 14. Februar setzten 259 britische Flugzeuge den Angriff fort. Gewaltige Brände, die nachts bis auf 300 km Entfernung zu sehen waren, brachen im Kerngebiet der Stadt aus und wurden vielen Menschen zum Verhängnis. In dieses Chaos warfen am 14. Februar bei Tageslicht gegen Mittag 311 amerikanische Fliegende Festungen erneut Bomben hinein. Am 15. erschienen weitere 210 amerikanische Flugzeuge über der Stadt. Am 2. März vollendeten 406 amerikanische Bomber das Vernichtungswerk. Dresden brannte sieben Nächte und acht Tage lang.

Durch den Abwurf von 650.000 Brandbomben und fast 3000 Tonnen Sprengbomben wurde die herrliche Stadt mit ihren einzigartigen Baudenkmälern in ein großes Trümmerfeld verwandelt und kamen (mindestens) 135.000 Menschen ums Leben. Die Leichen lagen zu Bergen herum; nur ein Teil konnte unter die Erde gebracht, die meisten mußten verbrannt werden. Diese Operation übertraf an Grausamkeit noch den Angriff auf Hamburg. Die Zahl 135.000 wird auch in fast allen britischen Darstellungen genannt – mit David Irving angefangen. Der deutsche Autor Götz Bergander hat in seinem Buch: »Dresden im Luftkrieg. Vorgeschichte – Zerstörung – Folgen« (1977) die Zahl 35.000 genannt, diese läßt sich aber mit den polizeilichen Feststellungen nicht in Einklang bringen, sie widerspricht auch den Beobachtungen zahlreicher Tatzeugen.

c. Modernes Barbarentum

Die Hauptverantwortung für dieses schwere Kriegsverbrechen – nach Lord Boothby »der heimtückischste Akt der ganzen britischen Geschichte«, nach General Fuller ein »Akt des Vandalismus« – trägt Winston Churchill. Wie Luftmarschall Sir Robert Saundry in dem Vorwort, das er dem Buch von David Irving: »The Destruction of Dresden« (1963) beisteuerte, betont hat (als Stellvertreter des Chefs des Bomberkommandos hat er die Ereignisse aus nächster Nähe miterlebt), ist der Befehl »von ganz oben« gekommen, also weder von dem Chef des Luftwaffenstabs Sir Charles Portal, noch von dem zuständigen Minister, vielmehr von dem Premierminister in eigener Person. Auch Harold Nicolson, der bekannte Schriftsteller und Politiker, Richard Crossman, der Labour-Führer und einstige Minister, und Brian Gardner, der Verfasser einer 1968 erschienenen Churchill-Biographie, haben Churchill die letzte Verantwortung für Dresden zugesprochen.

Am 3. Mai 1963 veröffentlichte Richard Crossman im »New Statesman« einen Artikel über das Buch von David Irving, dem er die Überschrift »War Crime« gab. Nach eingehender Prüfung der Vorgeschichte des Angriffs kam er zu dem Schluß: »Die Zerstörung von Dresden im Februar 1945 war eines jener Verbrechen gegen die Menschlichkeit, deren Urheber in Nürnberg unter Anklage gestellt worden wären, wenn jener Gerichtshof nicht in ein bloßes Instrument alliierter Rache pervertiert worden wäre«. Nach dieser Äußerung kann nicht zweifelhaft sein, daß nach Meinung Crossmans Churchill unter die Angeklagten des Nürnberger Hauptkriegsverbrecherprozesses gehört hätte.

Am 5. Mai 1963 folgte im »Observer« ein von Harold Nicolson verfaßter Artikel, der die Überschrift »Unworthy of our History« trug. Er beginnt mit dem Satz: »Das britische Publikum neigt dazu, fest anzunehmen, daß – während andere Nationen sich Greueltaten erlauben – sie selbst niemals unlautere Handlungen begehen«. Der Angriff auf Dresden – ebenso sinnlos wie brutal – beweise das Gegenteil. Mit seinen 135.000 Toten sei es »the greatest single holocaust by war«

gewesen. Nicolson schloß seinen Artikel mit den Worten: »Niemand konnte behaupten, daß Dresden ein legitimes strategisches Angriffsobjekt war; niemand konnte behaupten, daß dieser Terrorangriff den Krieg abkürzte oder unsere russischen Alliierten zufriedenstellte. Ich wäre nicht überrascht, wenn sich die meisten Engländer bemühen würden, Dresden zu vergessen«.

Churchill selbst hat den Angriff auf Dresden in seinen »Erinnerungen« nur mit einem einzigen Satz erwähnt. Als er gewahr wurde, daß er in der Weltöffentlichkeit ein sehr schlechtes Echo gefunden hatte, wurde er unruhig und versuchte, sich aus der Verantwortung davonzustehlen und sie den Militärs aufzubürden. Am 28. März 1945 brachte er einen Vermerk zu den Akten, der bei dem Luftwaffenchef Sir Charles Portal und seinen Mitarbeitern helle Empörung hervorrief. Darin führte Churchill aus: »Es scheint mir, daß der Augenblick gekommen ist, wo die Bombardierung deutscher Städte zu Zwecken der Terrorisierung, wenn auch unter anderen Vorwänden, überprüft werden sollte ... Die Zerstörung von Dresden bleibt ein ernstes Argument gegen die Führung des alliierten Bombenkriegs«. Statt auf Terror und Zerstörung solle man die Angriffe lieber auf militärische Ziele konzentrieren.

In der Portal-Biographie von Denis Richards wird dazu bemerkt: »Daß einer der Hauptbefürworter der Bombardierung städtischer Gebiete in Deutschland, und zwar schon seit Ausgang des Jahres 1940, und der gleiche Mann, der eben erst auf die Bombardierung von Städten in Ostdeutschland gedrängt hatte, seinen eigenen Anteil an der Verantwortung ignorieren wollte und die Absichten seiner Kollegen bösartig verleumdete, war in der Tat monströs«. Sir Charles Portal konnte in diesem Aktenvermerk nur den Versuch erblicken, die Verantwortung für den Angriff auf Dresden ihm und den Angehörigen seines Stabs aufzubürden. Dagegen wehrte er sich. Er nahm auch daran Anstoß, daß der Premierminister jetzt auf einmal eingestand, was bisher immer bestritten worden war – nämlich daß es sich tatsächlich um Terrorangriffe gehandelt hatte, so wie von der deutschen Propaganda seit jeher behauptet worden war. Der Luftmarschall empfand es auch als schockierend, daß der Regierungschef jetzt zugab, die britische Behauptung, es seien immer nur militärische Ziele angegriffen worden, sei nur ein »Vorwand« (pretext) gewesen.

Sir Charles Portal zwang Churchill, den Aktenvermerk zurückzuziehen und durch einen neutral gefaßten Text zu ersetzen. Die Worte »Terrorangriffe« und »Vorwand« kamen darin nicht mehr vor.

»Churchill wurde auf diese Weise gezwungen, die Verantwortung für Dresden zu akzeptieren«, stellt John Grigg in seinem 1980 erschienen Buch: »1943. The Victory that never was« lakonisch fest. Brian Gardner hat in dem Buch »Churchill in his Time« (London 1968) behauptet, im tiefsten Innern sei sich Churchill sicher darüber klar gwesen, daß er die Verantwortung für Dresden auf sich nehmen müsse; er sei ihr auch nicht entschlüpft. Daß er in die Kausalkette, die zu der Tragödie von Dresden geführt hat, unlösbar eingebunden ist, und zwar als Hauptverantwortlicher, ist eine Tatsache, die nicht mehr bestritten werden kann.

d. Die britische Luftkriegführung vor dem Forum des Völkerrechts und der Moral

Die auf der Weisung vom 14. Februar 1942 beruhende neue Art der britischen Luftkriegführung widersprach klar dem Völkerrecht, sie stellte also ein fortgesetztes schweres Kriegsverbrechen dar, sie war aber auch mit den Normen der Moral nicht in Einklang zu bringen.

aa. Der Standpunkt des Völkerrechts

Was den Widerspruch zum Völkerrecht betrifft, so waren die zwei führenden britischen Militärschriftsteller, Captain B. Liddell Hart und General Fuller von Anfang an der Ansicht, daß die britischen Terrorangriffe gegen die Zivilbevölkerung völkerrechtlich nicht zu rechtfertigen seien. Liddell Hart spricht in seinen »Lebenserinnerungen« von »*eindeutigster Abweichung von den Regeln des Krieges*«.

Beide befanden sich mit dieser Ansicht in Übereinstimmung mit maßgeblichen militärischen Autoritäten und einhelliger Lehre der Wissenschaft.

Im Mai 1928 nahm zu dem Problem der Terrorangriffe der damalige Chef der britischen Luftstreitkräfte Luftmarschall H. Trenchard, in einer Denkschrift Stellung. Wenn militärische oder industrielle Ziele in bewohnten Gebieten angegriffen würden, sei es nicht zu vermeiden, daß es Opfer unter der Zivilbevölkerung gebe. Würden *solche* Angriffe als rechtswidrig und verboten behandelt, so brauchten kriegführende Parteien ihre Rüstungsbetriebe nur in große Städte zu verlegen, um für sie vollkommene Sicherheit zu schaffen. Man könne Angriffe dieser Art deshalb nicht als unzulässig behandeln.

Rechtswidrig (»unlawful«) seien hingegen *Terrorangriffe*.

> »What is illegitimate, as being contrary to the dictates of humanity, is the indiscriminate bombing of a city for the sole purpose of terrorising the civilian population«.
> »Was unzulässig ist, weil im Widerspruch zu den Forderungen der Menschlichkeit stehend, ist die wahllose Bombardierung einer Stadt zu dem alleinigen Zweck, die Bevölkerung zu terrorisieren«.

Wie aus einer am 25. Oktober 1939 an die britische Regierung gerichteten Note hervorgeht, war die Sowjetregierung (damals) derselben Ansicht:

> »Es ist bekannt, daß die allgemein anerkannten Prinzipien des Völkerrechts die Bombardierung der friedlichen Bevölkerung, der Frauen, Kinder und alten Leuten, aus der Luft nicht gestatten«.

Damit stimmte auch der Chef der britischen Luftstreitkräfte, Luftmarschall Sir Charles Portal, überein. Als die Forderung an ihn gerichtet wurde, als Vergeltung für die Behandlung der Juden und Polen in Auschwitz und anderen Lagern deutsche Städte zu bombardieren und das vorher in Flugblättern anzukündigen, schrieb Portal am 6. Januar 1943 an den Premierminister, wenn man die Bevölkerung der jeweils ins Auge gefaßten Orte durch Flugblätter davon unterrichte, daß sie Angriffe als Repressalien gegen die Verfolgung von Juden und Polen zu erwarten hätte, gebe man die bisher eingenommene Rechtsposition preis, daß alle Bombardierungen Angriffe auf militärische Ziele und infolgedessen rechtmäßig seien (»lawful«). Dadurch würden die letzten Fetzen einer Bemäntelung der Legalität zerstört werden, die gegenwärtig die britischen Operationen deckten (»would ... destroy the last shreds of the cloak of legality which at present covers our operation«).

Daß die britische Luftkriegführung seit dem 14. Februar 1942 primär aus (gegen die Bevölkerung gerichteten) »Terrorangriffen« bestanden hat, ist heute unstreitig. Diese standen aber in klarem Widerspruch zum Völkerrecht. Churchill und die Führung der Royal Air Force waren sich darüber auch klar. Das ergibt sich eindeutig aus dem Brief von Sir Charles Portal vom 6. Januar 1943, dem Aktenvermerk Churchills vom 28. März 1945 und aus einer Rede, die Portal im Herbst 1945 vor dem Winchester College gehalten hat.

Aus dem einschlägigen Schrifttum ist die Ansicht des Völkerrechtlers Spaight besonders wichtig. Er hat zeitweise eine führende Rolle im britischen Luftfahrtministerium gespielt. Er erklärte in der 3. Auflage seines Werkes: »Air Power und War Rights« (1947 S. 277), im Zweiten Weltkrieg sei nichts geschehen, was die Argumente gegen unterschiedslose (indiscriminate«) Bombardierungen erschüttert habe. Dieser Art von Kriegführung habe sich das Völkerrecht aus Gründen der Humanität widersetzt und tue es noch immer. Spaight fährt wörtlich fort: »Bombing for a moral effect only remains unlawful. In that sense, attack on the civilian population is contrary to international law«.

Der angesehenste Völkerrechtslehrer Großbritanniens, Professor Hersch Lauterpacht (1897–1960), einstmals Professor in Cambridge und am Ende seines Lebens Richter am Internationalen Gerichtshof im Haag, hat in seinem Lehrbuch des Völkerrechts und in einem Aufsatz in gleichem Sinne Stellung genommen. Es sei »unlawful«, hat er gelehrt, »zur Bombardierung der Zivilbevölkerung zum bloßen Zweck der Terrorisierung Zuflucht zu nehmen. Denn in diesem Fall wird die Zivilbevölkerung direktes Angriffsobjekt ohne Beziehung zu einem militärischen Ziel«. Einer kriegführenden Partei das Recht einzuräumen, Terror gegen die Zivilbevölkerung auszuüben, würde das Ende des Kriegsrechts bedeuten. – In der Verurteilung der Terrorangriffe ist sich das gesamte britische Schrifttum einig.

> Die Gefährlichkeit der Gegenansicht hat vor 100 Jahren schon der Völkerrechtler J. A. Farrer gezeigt. Wenn man unhumane Kampfmittel mit dem Argument zu rechtfertigen suche, sagte er, daß durch sie Menschenleben erhalten würden, und daß sie den Krieg abkürzten, so verliere man den Boden unter den Füßen und sei unversehens bei der Anwendung von Giftgas und Bakterien angelangt (so wie es Churchill erwogen hat).

Im deutschen Schrifttum hat man die Terrorangriffe ebenso beurteilt. Dazu Eberhard Spetzler: »Luftkrieg und Menschlichkeit« (1956), Friedrich Berber: Lehrbuch des Völkerrechts. 2. Band (1962) S. 178 ff., Alfred von Verdross: Völkerrecht (5. Aufl. 1964) S. 479 und Verdross-Simma: Völkerrecht S. 293.

> Man kann die britischen Terrorangriffe aber auch nicht mit dem Gesichtspunkt der Repressalie rechtfertigen. Jede Repressalie setzt ein völkerrechtswidriges Verhalten der Gegenseite voraus. Diese Voraussetzung war nicht erfüllt, als die britische Führung mit dem 14. Februar 1942 auf das System der Terrorangriffe einschwenkte. Aber auch wenn dem anders gewesen wäre, hätte sich die britische Seite nicht auf diese Rechtfertigungsmöglichkiten berufen können, weil der Grundsatz der Verhältnismäßigkeit nicht gewahrt wurde. In Coventry gab es 380 Tote, in Hamburg 55.000 und in Dresden (mindestens) 135.000. Die »Times« hat am 10. Januar 1944 berichtet, während die Luftwaffe 1943 über Großbritannien 2500 Tonnen Sprengstoff abgeworfen habe, seien im gleichen Jahr von den Briten 136.000 Tonnen und von den Amerikanern 55.000 Tonnen Sprengstoff abgeworfen worden. Am 9. November 1944 bekam man von Churchill im Unterhaus zu hören: »Wir haben nicht ein Zehntel von dem gelitten, was über sie (die Deutschen) gekommen ist«.

»Die Alliierten kämpfen für etwas Größeres als bloße Macht«, mahnte der Bischof von Chichester am 9. Februar 1944 im Britischen Oberhaus: »The chief name inscribed on our banner is ›Law‹«. Es sei von größter Bedeutung, daß Großbritannien beim Gebrauch seiner politischen und militärischen Macht allezeit unter der Kontrolle des Rechts bleibe.

Die britische Regierung ließ sich durch diese Worte in keiner Weise von ihrem völkerrechtswidrigen Kurs abbringen. Die Terrorangriffe wurden unverändert fortgesetzt. Daß sie aber bei ihrer Luftkriegführung kein gutes Gewissen gehabt hat, kann schon aus ihrem Verhalten gegenüber parlamentarischen Anfragen geschlossen werden. Sie hat nämlich im Unterhaus immer wieder bestritten, daß

Luftangriffe gegen nichtmilitärische Ziele gerichtet würden. Jedenfalls lautete so die Antwort auf mehrere Interpellationen, insbesondere des Abgeordneten Stokes.

> Als am 6. Mai 1942 der Abgeordnete Mac Govern im Unterhaus die Frage stellte, ob Befehle ergangen seien, auch Arbeitersiedlungen und -wohngebiete anzugreifen und zu zerstören, verneinte der Luftfahrtminister. Am 11. März 1943 erklärte im Unterhaus ein Unterstaatssekretär auf Anfrage, die britischen Luftstreitkräfte bombardierten ausschließlich militärische Ziele. »Ich kann die Versicherung geben«, fügte er hinzu, »daß wir die Frauen und Kinder Deutschlands nicht bombardieren«. Am 31. März und am 1. Dezember 1943 richtete der Abgeordnete Stokes an den Minister die Frage, ob die Bombenpolitik nicht doch geändert sei. Wieder wurde das verneint. Und so ging es bis Kriegsende weiter. Richard Crossman hat in dem oben erwähnten Aufsatz in »New Statesman« festgestellt: »Trotz der Proteste der Luftwaffenführung, die von den Lügen der Politiker ehrlich schockiert war und darauf drängte, dem Publikum nun die Wahrheit zu sagen, gab der Luftfahrtminister, wann immer er über die Bomberoffensive gefragt wurde, Versicherungen ab, von denen die 100.000 Angehörigen des Bomberkommandos wußten, daß es bewußte kalte Lügen waren«. In Churchills »Erinnerungen« ist zu lesen: »Das britische Volk kann Gefahr und Unglück mit Festigkeit und guten Mutes ertragen; es lehnt sich aber bitter dagegen auf, belogen zu werden«. Und Harold Macmillan hat erklärt, das Unterhaus anzulügen finde keinen Pardon und sei auch niemals vergeben worden. Kein Mensch hat es bisher Churchill und Luftfahrtminister Sir Archibald Sinclair zum Vorwurf gemacht, daß sie das Unterhaus jahrelang angelogen haben – von »Auflehnung« ganz zu schweigen. Große Worte ohne realen Untergrund!

An dieser Verschleierungstaktik nahm (vielleicht gutgläubig) auch die Londoner »Times« teil. Am 10. Januar 1944 veröffentlichte sie unter dem Titel »The Air Offensive« einen Leitartikel, worin sie sich gegen die ständige Behauptung der »Nazi-Propaganda« wandte, die britischen Luftangriffe seien »terror-raids«. So etwas stehe derart in Widerspruch zu britischem und amerikanischem Denken, daß sich die öffentliche Meinung in beiden Ländern empört dagegen auflehnen würde, wenn es so etwas gäbe. »In fact the aim is neither terrorization nor reprisal«.

Im Herbst 1945 gab Luftmarschall Sir Charles Portal dann in der schon erwähnten Rede offen zu, man habe jahrelang die Öffentlichkeit irregeleitet. Er sehe sich veranlaßt, zwei falsche Behauptungen über den Bombenkrieg richtigzustellen: »Die erste ist, daß unsere Bombardierung deutscher Städte tatsächlich darauf abzielte, Deutsche zu töten und in Schrecken zu versetzen, und daß wir diese Absicht mit dem Vorwand tarnten, wir wollten industrielle Anlagen zerstören. Jeder solche Gedanke war vollständig und gänzlich falsch. Der Verlust an Leben, der sich auf etwa 600.000 Tote belief, war rein zufällig, und soweit er Frauen und Kinder einschloß, die nicht am Kriege teilnahmen, beklagten wir alle die Notwendigkeit, so zu handeln«. Von irgendwelcher »Notwendigkeit«, Frauen und Kinder zu töten, konnte indessen keine Rede sein. Auf den Gesichtspunkt der »Kriegsnotwendigkeit« pflegt man sich immer zu berufen, wenn stichhaltige Gründe nicht zur Verfügung stehen.

Interessant ist auch, daß in den führenden britischen Werken über die Royal Air Force auf die völkerrechtliche Problematik nicht eingegangen wird. Sie gehen der Frage der völkerrechtlichen Bewertung der britischen Luftkriegsführung geflissentlich aus dem Wege. So z. B. wird in dem von Sir Charles Webster und Noble Frankland verfaßten vierbändigen Werk über »The Strategic Air Offensive against Germany 1939–1945« (London 1961) nirgendwo die Frage der völkerrechtlichen Zuläßigkeit des area bombing untersucht. Nur an einer einzigen Stelle (Bd. 2 S. 22) wird kurz bemerkt, das Völkerrecht (international law) habe bei dem Übergang zu der »policy of area attack« keine Rolle gespielt, wie auch der »moralische Faktor« außer Betracht geblieben sei; Gesichtspunkte rein praktischer Natur hätten den Ausschlag gegeben. In gleicher Weise ist das amtliche Werk über die Royal Air Force von Denis Richards und Hilary St. George Saunders einer Erörterung der völkerrechtlichen und moralischen Aspekte aus dem Wege gegangen. Erst in dem Werk von Max Hastings: »Bomber Command« (1979) sind diese Fragen berührt worden. Das ist eine eigenartige Methode, Zeitgeschichte zu betreiben. Das, was dem eigenen Standpunkt nicht von Vorteil ist, wird ausgeklammert.

Die Augen verschlossen vor den eigenen Untaten hat man auch im Nürnberger Hauptkriegsverbrecherprozeß. Am 26. Juli 1946 hielt der britische Ankläger Sir Hartley Shawcross in seiner großen Anklagerede den Beschuldigten vor, das größte und schwerste Kriegsverbrechen, das ihnen zur Last gelegt werden müsse, sei »die Verletzung der festverankerten und unbestrittensten Regel des Kriegsrechts, nämlich, daß Nichtkombattanten nicht zum direkten Objekt der Kriegsoperationen gemacht werden dürfen«. Erschwerend falle gegen sie ins Gewicht, daß man es nicht mit »zufälligen, unorganisierten und vereinzelten Fällen« zu tun habe, sondern »mit systematischen, großangelegten, zusammenhängenden Untaten, die vorsätzlich überlegt und mit einer Berechnung mit den höchsten Ziffern begangen wurden«. – Wenn man das liest, muß man fragen: Hatte dieser Jurist total vergessen, gegen wen die Terrorangriffe der Luftstreitkräfte seines Landes gerichtet waren? Und war er sich gar nicht klar darüber, daß jeder seiner Sätze haargenau auf die Royal Air Force übertragen werden konnte?

bb. Das Votum der Moral

Im Januar 1940 konnte man in der Londoner Zeitung »Daily Mail« lesen: »Wir kämpfen um eine moralische Angelegenheit. Wir sollten nichts tun, was unserer

Sache unwürdig ist«. Diese moralische Zielsetzung sollte am 14. Februar 1942 endgültig aufgegeben werden.

Leider machte man sich weder in Downing Street noch im Luftfahrtministerium noch bei der Führung der Royal Air Force über die moralische Seite der neuen Luftkriegführung ernsthaft Gedanken. Max Hastings hat in seinem 1979 erschienenen Buch »Bomber Command« erklärt, weder in Downing Street noch im Luftfahrtministerium habe es über die Angriffe auf deutsche Städte eine moralische Debatte gegeben. Der Umstand, daß Tag für Tag Frauen und Kinder umgebracht wurden, habe dort niemand in Unruhe versetzt. »Die Alliierten«, sagt Hastings, »trugen dadurch wesentlich zu dem furchtbaren moralischen Kollaps bei, der im Zweiten Weltkrieg Platz gegriffen hat«.

Den Warnungen einiger prominenter Politiker schenkte man keine Beachtung. So schrieb beispielsweise am 26. November 1943 der hochangesehene Marquess of Salisbury an Sir Archibald Sinclair, den Luftfahrtminister, bisher habe man annehmen müssen, es würden nur militärische und industrielle Ziele bombardiert. Jetzt spreche vieles für das Gegenteil, und das lasse befürchten, man werde die moralische Überlegenheit an die Deutschen verlieren. In seiner Antwort log der Minister den Marquess dreist an: Niemand habe jemals daran gedacht, deutsche Heimstätten zu zerstören.

Die Überzeugung, daß die britische Luftkriegführung nicht bloß völkerrechtlich, sondern auch moralisch nicht zu rechtfertigen sei, wurde von namhaften Briten schon während des Krieges geäußert.

General Fuller z. B. verurteilte die Politik der Flächenbombardements moralisch von allem Anfang an. »Terror«, schrieb er, »zerstört den Grund, auf dem der künftige Friede errichtet werden muß«. Den Bombenkrieg gegen die Zivilbevölkerung bezeichnete er als »Massenmord«. Churchill warf er vor, eine Zündschnur in Brand gesetzt zu haben, durch welche »die Explosion eines Krieges der Verwüstung und des Terrors (ausgelöst wurde), wie er seit den Einfällen der Seldschuken ohne Beispiel war«. Die durch die Flächenangriffe angerichteten Zerstörungen, erklärte er, »stellen die schlimmsten Verwüstungen der Goten, Vandalen, Hunnen und Seldschuken in den Schatten«. Von Haß beseelt, sagte General Fuller nach dem Krieg, »fiel Churchill in die Methoden der Kriegführung zurück, die von zivilisierten Nationen längst aufgegeben worden waren«.

Mit großer Entschiedenheit nahm auch Liddell Hart gegen die Luftstrategie Stellung, zu der sich die britische Führung am 14. Februar 1942 entschlossen hatte. Schon 1942 schrieb er: »Es ist eine Ironie, daß die Verteidiger der Zivilisation für ihren Sieg abhängig sind von dem barbarischsten Weg ..., den die moderne Welt erlebt hat«. An dieser Auffassung hielt Liddell Hart während des ganzen Krieges fest. Die von seinem Land eingeschlagene Bombardierungspraxis stellte für ihn ebenso wie die Hungerblockade einen Rückfall in die Barbarei längst vergangener Epochen dar.

Noch deutlicher wurde Liddell Hart dann nach dem Krieg in seinem Buch »The Revolution in Warfare« (1947). Die Operationen der alliierten Luftstreitkräfte hätten in einem solchen Ausmaß zur Massakrierung von Nichtkombattanten geführt, daß die Praxis barbarischer Zeiten erreicht, ja sogar übertroffen worden sei. Der Zweite Weltkrieg mit seinen Massenmorden lasse das Zeitalter der Völkerwanderungen in einem milden Licht erscheinen. Es sei geradezu paradox, »daß man die europäische Zivilisation dadurch zu bewahren versuchte, daß man die unzivilisiertesten Kampfmittel praktizierte, welche die Welt seit den mongolischen Verwüstungen erlebt hatte«.

In einer Stellungnahme zu den alliierten Kriegsverbrecherprozessen führte Liddell Hart aus:

> »Die schlimmsten deutschen Greueltaten waren die Massenmorde (durch Nazis) – wie aber ist das schlimmer als unsere eigene Massenbombardierungspolitik, die ab Januar 1942 bewußt gegen die Zivilbevölkerung gerichtet war«.

Es mag eigenartig erscheinen, ist aber nichtsdestoweniger eine Tatsache, sagte General Fuller in seiner Geschichte des Zweiten Weltkriegs, »daß diese Rückkehr zu Kriegen von primitiver Wildheit von Britannien und den Vereinigten Staaten vollzogen wurde .., und nicht von Deutschland und Rußland«.

In Band III der offiziellen Geschichte der Royal Air Force faßte Hilary St. George Saunders sein Urteil in folgendem Satz zusammen (S. 271): »Die Zerstörung hatte in Deutschland bis dahin (d. h. Frühjahr 1945) ein Ausmaß angenommen, das Attila oder Dschingiskhan erschreckt haben würde«.

In seinem 1980 unter dem Titel: »1943. The Victory that never was« erschienenen Buch hat John Grigg behauptet, Britannien habe im Bombenkrieg »die schlimmsten Exzesse der Deutschen weit übertroffen«.

Man muß in der Tat 1500 Jahre in der Geschichte der Menschheit zurückgehen, um im Bereich der Kriegsführung auf Parallelen zu stoßen – nämlich auf das, was man »the Sacking of Rome« genannt hat (der Bischof von Chichester hat schon auf diese Parallele hingewiesen). Im Jahre 410 drangen die Westgoten unter Alarich in Rom ein und plünderten und verwüsteten die Stadt sechs Tage lang, wobei wie in Dresden viele unersetzliche Kunstwerke vernichtet wurden. Im Jahre 455 wiederholten das die Vandalen unter Geiserich.

Daß ein britischer Premierminister von seinen Landsleuten einmal in eine Reihe mit den Barbarenfürsten des 5. Jahrhunderts gestellt werden würde, hätte wohl niemand für möglich gehalten.

Eigenartig ist, daß die breiten Massen des britischen Volkes diese Pervertierung des Luftkriegs ohne Widerspruch hingenommen haben. Aus den Berichten des Home Office ergibt sich, daß sie trotz aller offiziellen Ableugnungsversuche nicht im Zweifel waren, was diese Bombenangriffe bedeuteten. Das Ausbleiben jeder Protestbewegung ist eine volkspsychologisch erstaunliche Tatsache. Denn es war für jedermann klar, daß den Angriffen der britischen Luftstreitkräfte Nacht für Nacht unzählige Frauen und Kinder zum Opfer fielen. Offenbar ließ das die Menschen kalt. Es fehlte ja nicht an Männern, die immer wieder Alarm schlugen und ihre Landsleute darauf hinwiesen, daß Ungeheuerliches im Gange war. Im britischen Oberhaus war das Dr. George Bell, der Bischof von Chichester, im Unterhaus der Labour-Abgeordnete Stokes, aber ihr Ruf wurde nicht beachtet.

Der Bischof von Chichester hat schon 1941 gegen die Wendung protestiert, die der Luftkrieg zu nehmen begann. In der bereits mehrfach erwähnten, spektakulären Oberhaus-Rede vom 9. Februar 1944 faßte er seine Einwände gegen die Flächenbombardements noch einmal zusammen. Er hielt der Regierung vor, daß nichts diese Art der Kriegführung rechtfertigen könne, und daß man durch sie bedauerlicherweise auf die Bahn des Verbrechens geraten sei. Es sei gesagt worden, fuhr er fort, daß »area bombing« dazu bestimmt sei, die britischen Verluste zu vermindern und den Krieg abzukürzen. Inhumane Methoden durch Gründe der Zweckmäßigkeit zu rechtfertigen, schmecke nach der Nazi-Philosophie, daß Macht Recht sei. Eine solche Argumentation sei unannehmbar.

Der Abgeordnete Stokes warf am 23. Februar 1944 dem Premierminister im Unterhaus vor, er habe bedauerlicherweise alle Ideale, mit denen Großbritannien in den Krieg gezogen sei, in den Wind geschlagen.

Der bekannte Historiker A. J. P. Taylor kommt in seiner »English History 1914–1945« (1965) zu dem Urteil: »Was unsere Luftstrategie betrifft, so übertrafen die britischen die deutschen Greueltaten erst in der Theorie, später in der Praxis, und eine Nation, die den Anspruch erhob, für eine moralische Sache zu kämpfen, zeichnete sich aus (gloried) durch den Umfang ihrer unmoralischen Akte«.

Erreicht wurde das Ziel – Brechung der Moral des deutschen Volkes – nicht. In dem amtlichen Werk über die »Royal Air Force« wird abschließend festgestellt, es sei nicht gelungen, den Durchhaltewillen der Deutschen zu zerstören. Statt abzunehmen, seien die Produktionsziffern in der Rüstungsindustrie gestiegen. –

Am 6. März 1945 richtete der Abgeordnete Stokes an den Premierminister die Frage, weshalb es eigentlich notwendig gewesen sei, erneut ausgedehnte bevölkerte Gebiete zu bombardieren, wo doch der Krieg schon fast vorüber sei. Man werde das alles noch schwer bereuen. Er schloß mit den prophetischen Worten: »Die Terror-Bombenangriffe auf die deutsche Bevölkerung werden für alle Zeiten einen Fleck auf unserem Ehrenschild bilden!«

Beendet wurden die Flächenbombardements erst mit Direktive vom 19. April 1945.

Das Ergebnis der vorstehenden Untersuchung ist, daß Winston Churchill für die weder völkerrechtlich noch moralisch zu rechtfertigende Luftkriegsführung der Royal Air Force die Hauptverantwortung trägt. Er war nicht nur Premierminister, sondern auch Vorsitzender des Kriegskabinetts, als man mit der Weisung vom 14. Februar 1942 den Boden des Völkerrechts endgültig verließ. Wie wir von Lord Hankey, dem langjährigen britischen Kabinettssekretär, wissen, wurde das Kriegskabinett von Churchill vollständig beherrscht; es war aus sogen. Yes-Men zusammengesetzt, die ihrem Regierungschef restlos ergeben waren und alles taten, was er verlangte. Nach Lord Beaverbrook war Churchill im übrigen »aus dem Stoff, aus dem Tyrannen gemacht werden«.

Richard Crossman hat zum Ausdruck gebracht, was mit Churchill und denen, die an seiner Verantwortung teilnahmen, hätte geschehen müssen: sie hätten auf die gleiche Anklagebank gehört wie die in Nürnberg wegen Kriegsverbrechens Verurteilten! Stattdessen wurden diese Männer, die soviel Leid über das deutsche Volk gebracht hatten, mit Ehrungen und Auszeichnungen überhäuft. Was Churchill betrifft, so wurde für ihn nach seinem Tod im Jahr 1965 eine Trauerfeier veranstaltet, die an Pomp, Glanz und Größe den Feiern für Nelson, den Herzog von Wellington, Königin Victoria und König George V. gleichkam, ja sie vielleicht noch übertraf. Nur Sir Arthur Harris, der ehemalige Chef des Bomberkommandos, bekam von diesem Glanz nichts ab. Für die Sache, die nach dem Krieg anrüchig geworden war und heftige Kritik gefunden hatte, brauchte man einen Sündenbock, und dazu wurde er auserkoren.

Es bestätigte sich wieder einmal, was Jacob Burckhardt (1818–1897) in seinen »Weltgeschichtlichen Betrachtungen« vermerkt hat: »Wer einer Gesamtheit Größe, Macht, Glanz verschafft, dem wird das Verbrechen nachgesehen«; für ihn gelte »eine merkwürdige Dispensation vom Sittengesetz«. Alles komme auf den Erfolg an: »Derselbe Mensch, mit derselben Persönlichkeit ausgestattet gedacht, würde für Verbrechen ... keine Nachsicht finden«. Der berühmte amerikanische Marinehistoriker Admiral A. T. Mahan (1840–1914) hat die gleiche Überzeugung geäußert: »Wie die Barmherzigkeit deckt der Erfolg eine Menge von Sünden zu« (»Success, like charity, covers a multitude of sins«). Was aber den jeweiligen Täter angeht, so hat er vielleicht gar nicht die Empfindung, wider Recht und Moral zu handeln. Napoleon I. wird der folgende Ausspruch zugeschrieben: »Sie belasten mich mit der Verübung großer Verbrechen. Männer meiner Prägung begehen Verbrechen nicht«.

cc. Der Ruf nach Kriegsverbrecherprozessen

Als geradezu makaber mutet es an, daß der gleiche Mann, der eine lange Kette schwerer Kriegsverbrechen – mit der Direktive vom 14. Februar 1942 beginnend und sich bis zum April 1945 erstreckend – verantworten muß, auf der Konferenz von Teheran im Einvernehmen mit Stalin die Einleitung von Kriegsverbrecherprozessen gefordert hat. Dabei hatte er ja schon den Überfall auf die französischen Seestreitkräfte bei Oran und Mers-el-Kébir zu vertreten.

Der britische Premierminister scheute sich nicht, hierbei Hand in Hand mit Josef Stalin vor die Weltöffentlichkeit zu treten, und darin liegt eine Pikanterie besonderer Art. Es war ja doch bekannt, daß Stalin in seinem Lande Millionen von Menschen zu Tode gebracht hatte. Am 26. September 1954 äußerte Churchill zu seinem Leibarzt: »Wissen Sie, Charles, ich habe erkannt, daß Stalin viel Schuld auf sich geladen hat. Acht Millionen sind Hungers gestorben und weitere sieben Millionen bei der Kollektivierung der Landwirtschaft umgekommen. Das habe ich nicht gewußt«. Im Zeitpunkt der Konferenz von Teheran wußte er aber von den gigantischen Säuberungsprozessen der 30er Jahre, und der Fall Katyn hatte eben erst weltweites Aufsehen erregt. Stalin selbst hat damals Churchill in aller Unbefangenheit erzählt, daß er deutsche Kriegsgefangene erschießen lasse – deutsche Arbeiter nämlich, die auf die Frage, weshalb sie für Hitler kämpften, die Antwort gäben, daß sie Befehlen gehorchten. Mit einem Mann, an dessen Händen soviel Blut klebte, tat sich der britische Premierminister ungeniert zusammen!

Daß Churchill und Stalin durch den Blick auf ihre eigenen Untaten nicht davor zurückgeschreckt sind, die Einleitung von Kriegsverbrecherprozessen zu verlangen, ist ein Indiz für den schrecklichen Verfall moralischer Grundwerte, der für unser Jahrhundert charakteristisch ist. Diesen beiden Staatsmännern fehlte offenbar das Gefühl dafür, daß ihnen die moralische Legitimation abhanden gekommen war, so etwas zu fordern.

In diesem Zusammenhang erscheint folgender Hinweis am Platze: In seinen Erinnerungen vom Zweiten Weltkrieg führt Churchill wörtlich aus: »Unter der Herrschaft, von der sich das ganze Volk unterjochen ließ, begingen die Deutschen Verbrechen, die an Ausmaß und Verworfenheit auch in den düstersten Zeiten der Menschheitsgeschichte nicht ihresgleichen finden«. Die Massenvernichtungen in den Konzentrationslagern überträfen an Grauenhaftigkeit noch die Schlächtereien des Dschingiskhan. Das war ein böses Wort.

Dazu ist folgendes anzumerken: 1. Was heißt hier »die Deutschen«? Sollten sie kollektiv schuldig gesprochen werden? (Am 13. September 1944 hatte Churchill zu seinem Arzt Lord Moran gesagt, er sei mit Edmund Burke der Ansicht, daß man niemals eine ganze Nation anklagen könne; jetzt behauptete er das Gegenteil). Von dem, was in den Vernichtungslagern des Ostens geschehen ist, hat wegen strengster Geheimhaltung nur ein verschwindender Prozentsatz des deutschen Volkes erfahren. Hatte jemand Genaueres gehört und wollte er Lärm schlagen, so fehlte ihm die Bühne des Parlaments, auf der in Großbritannien Männer wie der Bischof von Chichester und der Abgeordnete Stokes aktiv werden konnten, und der Weg über Presse und Rundfunk war ihm vollends versperrt. Für den Versuch aber, die Morde gewaltsam zu unterbinden, gingen dem einzelnen alle Machtmittel ab. In einer Diktatur ist seine Situation gegenüber dem Machtapparat der Polizei aussichtslos. – 2. Was den Vorgang der massenhaften Vernichtung von Menschen im besonderen betrifft, so hatte Churchill bei Niederschrift seiner Erinnerungen die Fälle Hamburg und Dresden offenbar aus seinem Gedächtnis gestrichen. Bei ihnen handelte es sich auch um Massenvernichtung, und zwar von noch nie dagewesener Grausamkeit. – 3. Churchill hat wohl auch nicht damit gerechnet, daß ihm in seinem Lande von namhaften und kompetenten Leuten selbst Attila und Dschingiskhan vorgehalten werden würden.

Wir Deutsche sind weit davon entfernt, Hamburg und Dresden allen Briten anzulasten. Umgekehrt sollte man sich aber auch britischerseits davor hüten, das, was im Osten geschehen ist, unbesehen allen Deutschen ins Schuldkonto zu schreiben.

»Anmaßung eines Richteramts führt zu Pharisäismus und Heuchelei«. An dieses weise Wort des Erlanger Theologen Walther Künneth wird man erinnert, wenn man sieht, zu welchem Verdikt sich Churchill legitimiert fühlte.

dd. Churchills Einstellung zu den Opfern der Terrorangriffe

Sehr denken gibt das Verhalten Churchills gegenüber den Opfern seiner Luftkriegführung. General Fuller, Captain Liddell Hart, der Bischof von Chichester und der Abgeordnete Richard Stokes waren erfüllt von Mitgefühl mit den unschuldigen Opfern der von ihnen als unmenschlich empfundenen Bombardierungen deutscher Städte und unaufhörlich bemüht, ihnen Einhalt zu tun. Bei dem britischen Premierminister war nichts dergleichen zu verspüren.

Ebenso wie Stalin die Liquidierung von Millionen politischer Gegner und Bauern sowie die Dezimierung des hohen Offizierkorps der Roten Armee nicht als – ihm ›zurechenbares‹ – menschliches Leid empfand, war auch Churchill von einer Gefühlskälte, die ihn bedenkenlos über die Leichenberge in den bombardierten deutschen Städten hinwegsehen ließ.

In dem umfangreichen Schrifttum über Winston Churchill wird nur von zwei Vorgängen berichtet, bei denen bei ihm so etwas wie ein Gewissen erkennbar worden ist.

Der erste Vorgang fällt in das Frühjahr 1944, als General Eisenhower und Sir Charles Portal dem Premierminister den Plan vorlegten, in Frankreich und Belgien 75 Eisenbahnanlagen zu bombardieren. Churchill war wegen der zu erwartenden hohen Verluste unter der Zivilbevölkerung dagegen, er drang aber damit bei Roosevelt nicht durch.

Der zweite Vorgang ereignete sich während eines Besuches des australischen Ministers (und späteren Generalgouverneurs) Casey in Chequers. Als ein Film von einem Luftangriff auf eine deutsche Großstadt vorgeführt wurde, der das ungeheure Ausmaß der Zerstörungen vor Augen führte, sprang Churchill auf und rief aus: »Sind wir Bestien? Gehen wir nicht zu weit? Denken wir auch an die Frauen und Kinder dort unten?«.

Leider war das bei Churchill nur eine vorübergehende Gefühlsregung. Folgerungen aus seiner vor dem Kriege geäußerten Überzeugung, daß eine gegen die Bevölkerung gerichtete Luftkriegführung als »ruchloser Mord« und als »bestialisch« zu bezeichnen sei, zog er nicht. Die Tatsache, daß durch die Bombenabwürfe britischer Flieger Nacht für Nacht unzählige Frauen und Kinder im Reichsgebiet das Leben einbüßten, ließ ihn kalt und raubte ihm nicht den Nachtschlaf. In seinen »Erinnerungen« schreibt er: »Während des ganzen Krieges .. litt ich auch in den schwersten Zeiten nie an Schlaflosigkeit. In den kritischen Tagen von 1940, in denen so große Verantwortung auf mir lag, und auch in vielen sorgenschweren, unguten Augenblicken der folgenden fünf Jahre, konnte ich mich immer in mein Bett fallen lassen und einschlafen, nachdem das Tagewerk getan war – um natürlich in Notfällen wieder geweckt zu werden. Ich pflegte tief zu schlafen und erfrischt aufzuwachen«.

Man vergleiche damit, was aus dem Leben Otto von Bismarcks berichtet wird. Der Gedanke, daß in den drei Kriegen seiner Amtszeit 80000 Soldaten gefallen waren, hat ihn nie losgelassen und ihm viele schlaflose Nächte bereitet. Von dem ehemaligen britischen Außenminister Sir Edward Grey (1862–1938) wissen wir, daß ihn die Überlegung, ob er sich bei Kriegsausbruch im August 1914 richtig verhalten habe, bis in seine letzten Tage die Ruhe und den Schlaf vieler Nächte geraubt hat.

Wie anders war das auch bei Churchills Amtsvorgänger Neville Chamberlain. Ihn verfolgte der Gedanke an die Menschen, die dem neuen Krieg zum Opfer fallen würden, bis in seine Träume hinein. Dafür legen einige seiner Briefe aus der Anfangszeit des Krieges bewegend Zeugnis ab. Am 5. September 1939 schrieb er an den Erzbischof von Canterbury: »Ich kann es einfach nicht ertragen, wenn ich an jene tapferen Menschen denke, die vergangene Nacht bei dem Angriff der Royal Air Force das Leben einbüßten, und wenn ich an ihre Familien denke, die als erste aufgerufen worden sind, diesen Preis zu bezahlen«. Am 8. Oktober 1939 schrieb er an seine Schwester: »Wie ich diesen Krieg hasse und verabscheue«. Erneut erhob er Klage über die Verluste, die er forderte. Weihnachten 1939 schrieb er an den Erzbischof: »Ich finde den Krieg hassenswerter denn je, und ich stöhne über jedes verlorene Leben und jede zerstörte Heimstätte«.

Von Churchill sind solche Briefe oder entsprechende Äußerungen nicht erhalten. Humanitäre Erwägungen waren ihm – mindestens was das deutsche Volk betraf – fremd. Lord Grey und Neville Chamberlain besaßen die menschliche Einstellung, die man von einem Staatsmann verlangen muß. Bei Chamberlain war sie Triebfeder für seine vielgeschmähte Appeasement-Politik. Daß er damit scheiterte, war nicht seine Schuld. Von ihm verächtlich zu reden, wie es heute Mode ist, besteht wahrhaftig keine Veranlassung.

Was Churchill angeht, so ist es an der Zeit, der Legende entgegenzutreten, die sich um seine Person gerankt hat. Charakteristischer Vertreter dieser Legende ist Henry Pelling, der in seiner Churchill-Biographie (1974) behauptet hat, Churchills herausragendste Eigenschaft sei seine Humanität gewesen: »He was moved at the sight of human misery«. Das Gegenteil ist wahr.

Von Churchills Privatsekretär John Colville wissen wir, daß ihn die Leiden der Bewohner der angegriffenen Städte gleichgültig liessen. Selbst als der Krieg vor seinem Ende stand, hat er noch Großangriffe befohlen und die britischen Jagdflieger Angriffe auf Einzelpersonen machen lassen. Colville war betroffen von dem Gleichmut, mit dem er die Meldung von dem Holocaust in Dresden entgegennahm. Als ihm sein Leibarzt im Juli 1945 erzählte, wie erschüttert Feldmarschall Alexander beim Durchwandern der Trümmer von Berlin gewesen sei, beschränkte sich Churchills Reaktion auf die Worte: »Ein ganz beachtlicher Trümmerhaufen!«. Von dem Elend der betroffenen Menschen und über die Toten kein Wort. Zu der Reaktion des Feldmarschalls erklärte er: »Mir gehen solche Empfindungen völlig ab!«

> Charakteristisch für Churchill ist auch folgender Vorgang: Nachdem General Wavell Britisch-Somaliland 1940 entgegen dem Wunsch Churchills geräumt hatte, um Blut zu sparen, warf ihm dieser Wortbruch und Kleinmut vor. Ausweislich der Verlustlisten habe es doch »nur« 1800 Gefallene gegeben. Der Offizier beschränkte sich darauf, an Churchill zu telegraphieren: »Gemetzel (butchery) sind nicht das Zeichen eines guten Taktikers«.

Entscheidungen, durch die das Leben vieler Menschen aufs Spiel gesetzt wurden, wurden von Churchill ohne sichtbare Anteilnahme getroffen. Es war nicht seine Art, sich vorher die Frage vorzulegen, ob sich das angestrebte Ziel auch mit weniger Opfern, also unter möglichster Schonung der beteiligten Menschen, erreichen lasse. Solche Kalkulationen lagen seinem Denken fern. Der bekannte britische Schriftsteller C. P. Snow hat in seinem Buch »Variety of Men« (1968) behauptet, Tatmenschen seien eben so – sie hätten für menschliches Leid kein Gefühl, das menschliche Leben zähle bei ihnen nichts, und etwaige Verluste ließen sie kalt. Wären sie anders eingestellt, so seien sie eben keine Tatmenschen.

In den angelsächsischen Ländern nennt man eine solche Einstellung »ruthlessness« – Unbarmherzigkeit, Skrupellosigkeit, Rücksichtslosigkeit. So wie es Churchill nicht den Schlaf beeinträchtigte, daß Nacht für Nacht britische Bombergeschwader auf seine Weisung zahllose Frauen und Kinder töteten, so schreckte er auch nicht davor zurück, im Jahr 1944 den Einsatz von Giftgas und Bakterien zu erwägen. Das ist schon erwähnt worden. Er kannte eben keinerlei Skrupel, was die Kriegsführung betraf. Mit dem Einsatz von Atombomben war er sofort einverstanden. Er bedauerte später nur, von ihnen nicht auch gegenüber der Sowjetunion Gebrauch machen zu können. Der bekannte britische Historiker A. J. P. Taylor hat einmal geäußert, was Rücksichtslosigkeit und Spiel mit Menschenleben betreffe, so habe zwischen Stalin und Hitler auf der einen und Churchill auf der anderen Seite kein wesentlicher Unterschied bestanden.

Für diesen brutalen Zug in Churchills Wesen liegen einige interessante Zeugnisse vor.

Major Sir Desmond Morton, sein langjähriger und von ihm sehr geschätzter militärischer Berater, hat berichtet, Churchill habe mitunter zu »selfish brutality« (selbstsüchtiger Brutalität) herabsinken können.

Liddell Hart schrieb 1942 an den Bischof von Lichfield (der Churchill als »gottgesandten Führer« bezeichnet hatte), er habe schon im letzten Jahr vor dem

Krieg empfunden, daß Churchills »power for evil« (Anlage für das Böse) größer sei als sein »power for good« (Anlage für das Gute) – »daß die fast einzigartige Ich-Sucht, sein Sinn für Dramatik, sein Fehlen von Skrupeln und sein Mangel an Urteilsvermögen eine Kombination ergäben, die vielleicht bestimmt sei, dieses Land ins Unglück zu stürzen«. Im Juli 1943 hatte er eine Unterredung mit General Sir Frederick Pile, dem Befehlshaber der britischen Luftabwehr. Dieser äußerte, Churchill setze jetzt seine ganze Hoffnung auf die Bomber-Offensive. Die Verwüstungen, die durch sie verursacht würden, entsprächen seinem Temperament, und er wäre enttäuscht über eine weniger zerstörende Beendigung des Krieges. Der General meinte, Churchill sei ein »Masochist« – Gefahr und Zerstörung seien Lebenselexier für ihn.

Churchills Skrupellosigkeit ist auch von anderen bezeugt worden. In seinem Buch über »Churchill as Warlord« (1975) hat Ronald Lewin »ruthlessness« als bestimmenden Zug in seiner Natur bezeichnet: »Er war ein Mann, der während der irischen Unruhen unzufrieden war, weil nicht genug Leute gehängt wurden – der Mann, von dem während der Intervention gegen die Bolschewisten nach 1918 in den Kabinettsprotokollen zu lesen ist, daß er die Entsendung unverbrauchter Giftgasgranaten aus Frankreich befürwortet hat, wobei er sich klar darüber war, daß unschuldige russische Zivilpersonen leiden müßten. Es war ein Teufel in ihm«. Als Stalin ihm im August 1942 seine Anerkennung dafür aussprach, daß die britische Luftwaffe dazu übergegangen war, ihre Angriffe primär gegen die Bevölkerung zu richten, erwiderte Churchill, wenn nötig würden seine Flugzeuge »fast jedes Haus in fast jeder deutschen Stadt bombardieren«.

Lord Boothby (der fünf Jahre unter ihm als Finanzminister parlamentarischer Staatssekretär gewesen war) meinte, es habe einen grausamen Zug in seiner Natur (»streak of cruelty«) gegeben: »für menschliches Leid hatte er wenig übrig« (»for human life he had little regard«). Stanley Baldwin sagte einmal von ihm, es fehle ihm »an Seele«.

In dem Porträt, das dem Maler Graham Sutherland (1903–1980) vom britischen Parlament für den 80. Geburtstag Churchills (30. November 1954) in Auftrag gegeben worden war, hatte dieser harte und brutale Zug Ausdruck gefunden. In diesem Gemälde erschien der Premierminister einmal nicht als der milde, gütige und rücksichtsvolle Menschenfreund, sondern als ein Mann mit Tiefen und Untiefen. Churchill war empört, als ihm dieses Bild bei der Enthüllung zu Gesicht kam; er war nur mit Mühe dahin zu bringen, es nicht auf der Stelle zurückzuweisen. Er nahm es mit nach Haus, ließ es aber nirgendwo aufhängen. Einige Wochen nach dem Tode von Mrs. Churchill (1977) teilte die Familie der Öffentlichkeit mit, diese habe das Gemälde irgendwann 1955 oder 1956 vernichtet. Churchill war der Hinweis auf die unsympathischen Seiten seiner Persönlichkeit unerträglich geworden.

Die Nachricht von der Zerstörung des Bildes löste in Großbritannien einen Proteststurm aus. Befragt, wie er dazu gekommen sei, Churchill so darzustellen, erwiderte der Maler: »Ich habe ihn eben so gesehen!«.

Nach dem Kriege mußte Churchill erleben, daß seine Luftkriegführung zunehmend unter Feuer geriet. Wie schon erwähnt, bekam er ja u. a. zu hören, er sei damit auf das Niveau längst vergangener Zeiten herabgesunken; man müsse mehr als ein Jahrtausend bis zu den Hunnen zurückgehen, um auf ähnlich barbarische Methoden der Kriegführung zu stoßen. Der Hinweis auf die Hunnen wirkte dabei besonders pikant, hatte doch Churchill in seinen Kriegsreden von den Deutschen immer nur als den »Hunnen« gesprochen.

In seinen letzten Lebensjahren hat sich Churchill das Gefühl, schwere Untaten verantworten zu müssen, offenbar als Ballast auf die Seele gelegt. Schon früher, als er noch voll aktiv war, hatten ihn ab und zu trübe Stimmungen heimgesucht, für die er das Wort »Black dog« (»schwarzer Hund«) geprägt hatte. Er pflegte deshalb auch keine Lazarette zu besuchen. Jetzt, nach Eintritt in den Ruhestand (1955), wurde er von eigenartigen Depressionen befallen. Nach Mitteilung seiner Töchter saß er oft stundenlang vor dem Kamin und fragte nur ab und zu nach der Zeit. Vielleicht war ihm jetzt klar geworden, wieviel Leid er verursacht und welch unermeßliche Schuld er durch seine grausame Luftkriegführung auf sich geladen hatte.

ee) Das Verhalten der britischen Offiziere

Wenn eine Staatsführung Befehle erläßt, die klar dem Kriegsvölkerrecht widerstreiten, also verbrecherischer Natur sind, dann sollte man annehmen, ihnen werde im militärischen Bereich der Gehorsam verweigert werden, zumindest müsse es dort zu energischen Gegenvorstellungen kommen.

In den britischen Streitkräften erfüllte sich diese Erwartung nicht. Als Admiral Somerville Anfang Juli 1940 den Befehl erhielt, die in Oran und Mers-el-Kébir liegenden Teile der französischen Hochseeflotte anzugreifen und zu vernichten, war er sich klar darüber, daß ihm ein schweres Kriegsverbrechen angesonnen wurde. Er führte ihn aber schließlich doch aus und machte sich dadurch mitschuldig. Zur Verantwortung wurde er nicht gezogen.

Durch die Weisung vom 14. Februar 1942 mutete das britische Kriegskabinett den Offizieren und Mannschaften der Royal Air Force Kriegsverbrechen am laufenden Bande zu. Proteste oder Fälle von Befehlsverweigerung sind nicht bekannt geworden. Der Gedanke an die Frauen und Kinder, denen die Bombenwürfe zum Verhängnis werden mußten, schreckte keinen der britischen Flieger ab. Vergeblich ermahnte sie Sir Stafford Cripps, von 1942 bis Kriegsende Minister und ein Gegner der Flächenbombardements: »Denkt daran, daß der Herrgott über Eure Schultern blickt!«

Humanitäre Rücksichten waren den britischen Luftwaffenoffizieren offenbar unbekannt. Sir Arthur Harris, der Chef der britischen Bomberstreitkräfte, sagt in seinen 1947 erschienenen Weltkriegserinnerungen (»Bomber Offensive«), er verstehe die Aufregung nicht. Im Ersten Weltkrieg seien durch die Hungerblockade 800.000 Zivilpersonen (meist Frauen, Kinder und alte Leute) umgekommen, und das habe man hingenommen. Die Luftangriffe des Zweiten Weltkriegs seien immerhin noch eine »vergleichsweise humane Methode« (»a comparatively human method«) der Kriegsführung gewesen.

Ihm – Harris – war das, was geschah, noch nicht einmal genug. Er hätte am liebsten alle deutschen Städte dem Erdboden gleichgemacht, ohne Rücksicht darauf, wieviel Menschen dabei zugrunde gingen. Berlin hätte er gar zu gerne »ausradiert«. Harris' Chef, Luftmarschall Sir Charles Portal, trat am 3. November 1942 sogar noch für eine Ausdehnung der Bombenoffensive ein. Er versprach, 25 Millionen Deutsche obdachlos zu machen. Die dabei zu erwartenden Toten bezifferte er auf 900.000, die Zahl der Schwerverletzten auf eine Million. In diesem Zerstörungs- und Vernichtungswillen trafen sich beide mit Professor Lindemann (Lord Cherwell), dem wissenschaftlichen Berater Churchills, dem auch nicht genug Deutsche getötet werden konnten, und der gerne noch eine Atombombe über Deutschland abgeworfen hätte. Aus der »Geschichte der Royal Air Force« ist zu erfahren, daß die Nachricht von der Katastrophe von Dresden Harris ganz unberührt (»quite unmoved«) gelassen hat.

Daß hohe britische Offiziere sich als blinde Befehlsautomaten erweisen würden, die bereit waren, fortgesetzt verbrecherische Befehle auszuführen, deren Opfer zu Hunderttausenden Frauen und Kinder waren, übertraf alle menschliche Voraussicht.

<small>Als Hitler zu Beginn des Rußlandfeldzugs den sog. Kommissarbefehl erließ (die gefangengenommenen politischen Kommissare sollten kurzerhand liquidiert werden), stieß dieser bei der Truppe auf Widerstand und wurde weithin nicht befolgt (dafür gibt es viele Zeugnisse; vgl. neuestens Erich Mende: Das verdammte Gewissen, 1983, S. 150). In der Royal Air Force hat niemand erklärt: »Diese Befehle befolgen wir nicht!« Es ist nicht einmal zu protestierenden Aktenvermerken gekommen. Nacht für Nacht wurden unzählige Frauen und Kinder umgebracht.</small>

Unter den Offizieren der amerikanischen Luftstreitkräfte war eine etwas andere Atmosphäre vorherrschend. General Spaatz, der Befehlshaber der amerikanischen Luftstreitkräfte in Europa, und General Eaker, einer der Luftflottenkommandeure, konnten sich anfänglich mit dem »area bombing« gar nicht befreunden. Bei ihnen waren freilich nicht ethische Bedenken entscheidend, sie fürchteten, daß das »Image« ihrer Waffe durch Angriffe auf die Zivilbevölkerung leiden könne. General Eisenhower neigte erst ihrer Ansicht zu, ging dann aber zur Gegenansicht über. Admiral Leahy, der militärische Chefberater des Präsidenten, war der Meinung, daß dies eine unhumane, barbarische Kriegsführung sei, auf die sich die USA lieber nicht einlassen sollten, und das war auch die Auffassung der Generale Patton und Devers. Mit dieser Ansicht drangen sie aber nicht durch. Unbeeinflußt durch alle Bedenken schlossen sich die amerikanischen Luftstreitkräfte dem Vorgehen der Royal Air Force an und nahmen deshalb an den weiteren Aktionen, insbesondere den Großangriffen auf Hamburg und Dresden, teil. Sie wirkten später auch tatkräftig an der Operation »Clarion« mit, durch die kurz vor Kriegsende die Jagd auf einzelne Zivilpersonen und die Bombardierung von Kleinstädten und Dörfern befohlen wurde – wieder in krasser Mißachtung des Völkerrechts.

Am 6. April 1946 hielt der britische Hauptankläger Sir David Maxwell Fyfe im Nürnberger Hauptkriegsverbrecherprozeß dem Feldmarschall Keitel dessen Aussage vor, er habe bei Ausführung von Befehlen Hitlers oft gegen seine »innere Stimme« gehandelt. Auf dieses Eingeständnis bezugnehmend, richtete der britische Ankläger folgende Frage an Keitel:

> »Wie war es möglich, daß es nicht einen Mann Ihres Ranges und Ihrer militärischen Tradition gab, der den Mut hatte, aufzustehen und kaltblütigem Mord zu widersprechen? Das möchte ich wissen!«

Dieselbe Frage ist heute an die alliierten Offiziere zu richten. Bei Admiral Somerville machte sich (im Fall Oran) die »innere Stimme« wenigstens noch bemerkbar; er war über den Befehl des Premierministers empört und gehorchte nur mit größtem Widerstreben. Von den Offizieren der Royal Air Force und der amerikanischen Luftstreitkräfte wird nicht berichtet, daß sie sich – von ihrer »inneren Stimme« geleitet – gegen eine Art der Luftkriegführung aufgelehnt hätten, die Churchill selbst vor dem Krieg als »accursed murder« (ruchlosen Mord) und während des Krieges als »bestialisch« bezeichnet hatte. Die »innere Stimme« hat sich auch bei ihnen nicht geregt.

> Ganz unverständlich ist das Verhalten der amerikanischen Luftstreitkräfte im Falle Dresden. Daß die Führung der 8. amerikanischen Luftflotte keinerlei Bedenken gehabt hat, sich an den

Angriffen auf die Stadt zu beteiligen, am 14. und 15. Februar mit Großverbänden zu erscheinen und in das Inferno am Boden Tausende von Spreng- und Brandbomben hineinzuwerfen, ist schon schwer zu begreifen. Gar nicht zu verstehen ist aber, daß am 2. März ein weiterer Großangriff mit 406 Flugzeugen ausgeführt wurde, bei dem erneut unzählige Bomben auf die Stadt abgeworfen wurden. In der Zwischenzeit war nämlich bekannt geworden, was in der Zeit vom 13. bis 15. Februar 1945 angerichtet worden war. Diese Stadt so kurz vor Kriegsende noch einmal anzugreifen, war ein weder völkerrechtlich noch moralisch zu rechtfertigender Akt der Grausamkeit, für den es in der Geschichte wenige Parallelen gibt. Nach allem, was bekannt geworden ist, hat sich im amerikanischen Offizierskorps niemand der Ausführung dieses unmenschlichen Befehls widersetzt.

IV. Die Auslieferung der Russen

Was Churchill weiterhin angelastet werden muß, ist die Auslieferung (gewaltsame Repatriierung) von ein bis zwei Millionen Russen, die im Schlußabschnitt des Krieges in die Hände der Westmächte gefallen waren.

Dazu gehörten allgemein alle ehemaligen sowjetrussischen Soldaten, die sich bereiterklärt hatten, den Krieg auf deutscher Seite und in deutscher Uniform fortzusetzen. Zu ihnen rechneten u. a. die sogen. Russische Befreiungsarmee des Generals Andrej Wlassow (1901–1946) und das 15. Kosaken-Kavallerie-Korps unter den Generalen von Pannwitz und Krasnow (beide Anfang 1947 hingerichtet). Andere ehemalige russische Soldaten waren deutschen Verbänden als Hilfswillige angegliedert. Die Gesamtzahl der Russen, die auf deutscher Seite gekämpft haben, wird heute auf rund eine Million Mann geschätzt.

Hinzu kamen Hunderttausende von Russen und Russinnen, die als Zwangsarbeiter nach Deutschland gebracht worden waren (sogen. Ostarbeiter).

In den Strudel hineingerissen wurden schließlich noch zahlreiche Emigranten aus der Bürgerkriegszeit (Weißrussen), die ihren Wohnsitz im Deutschen Reich oder den besetzten europäischen Ländern gehabt hatten. Zu ihnen gehörten viele Frauen und Kinder. Das waren Flüchtlinge aus dem alten Rußland, von denen ein großer Teil nie in der Sowjetunion gelebt hatte.

Seitdem Mitte des Jahres 1944 bei den Kämpfen in Frankreich Russen in größerer Zahl in alliierte Kriegsgefangenschaft geraten waren, stellte sich für Großbritannien und die USA die Frage, was mit diesen Menschen geschehen solle. Stalin forderte ihre Auslieferung, wenn nötig unter Anwendung von Gewalt. Von den Betroffenen waren die meisten nicht bereit, nach Rußland zurückzukehren, weil sie um Freiheit und Leben fürchteten. Sie mußten darauf gefaßt sein, bei der Heimkehr entweder umgebracht oder nach Sibirien deportiert zu werden.

Nach den Grundsätzen des Allgemeinen Völkerrechts hätte man denen, die mit ihrer Repatriierung nicht einverstanden waren, das traditionelle politische Asyl gewähren müssen. Dazu bestand aber auf britischer Seite keine Neigung.

Schon im Juni 1944, nachdem die ersten Russen in deutscher Uniform in britische Kriegsgefangenschaft geraten waren, war man im Foreign Office entschlossen, alle Russen zu repatriieren, gleich, welches Schicksal ihnen bevorstand. Am 24. Juni 1944 brachte Patrick Dean, der stellvertretende Justitiar des Außenamts, folgendes zu Papier: »Im gegebenen Augenblick müssen alle, die von den Sowjetbehörden angefordert werden, mit den unten folgenden Einschränkungen ausgeliefert werden. Hierbei ist die Tatsache, daß sie unter Umständen erschossen oder sonstigen größeren Härten ausgesetzt werden, als sie es nach unseren englischen Gesetzen wären, nicht unsere Angelegenheit«. Die Einschränkungen bezogen sich auf Vorsichtsmaßregeln, die wegen etwaiger – damals noch möglicher – deutscher Repressalien getroffen werden sollten. Daß diesem Vorhaben das Völkerrecht entgegenstand (Genfer Kriegsgefangenenabkommen!) wurde nicht in Erwägung gezogen.

Bevor die Angelegenheit zur endgültigen Beschlußfassung dem Kriegskabinett unterbreitet wurde, erhoben der Kriegsminister, Sir James Grigg, und der Minister für den Wirtschaftskrieg, Lord Selborne, Bedenken. Das Kriegsministerium teilte am 17. Juli 1944 dem Foreign Office mit, es könne einer Auslieferung der Russen an die Sowjetbehörden nicht zustimmen, es sei denn, diese seien freiwillig dazu bereit. Lord Selborne erklärte sich ebenfalls gegen eine Auslieferung – als aufrechter Christ und verantwortungsbewußter Staatsmann empfand er zunehmendes Entsetzen über die Verbrechen, die er kommen sah. Er war tief besorgt über die Aussicht, viele dieser Männer entweder dem Tode oder jahrelanger Gefangenschaft in Sibirien zu überantworten. Seine Besorgnisse brachte er in einem Brief zum Ausdruck, den er am 21. Juli an den Außenminister richtete. Darin hieß es: »Ich schlage daher im Interesse der Menschlichkeit vor, uns, was das Schicksal dieser russischen Gefangenen nach dem Kriege angeht, freie Hand zu lassen. Wenn ihre Zahl nicht zu groß ist, sollte es keine Schwierigkeiten bereiten, sie in einem der unterbevölkerten Länder der Welt unterzubringen«. Eine Abschrift davon leitete er Major Desmond Morton, dem persönlichen Referenten Churchills, zu, der diesem von einer Kurzfassung des Briefes Kenntnis gab. Churchill regte an, die Sache noch einmal überprüfen zu lassen.

Am 17. Juli 1944 befaßte sich erstmalig das Kriegskabinett mit der Frage. Außenminister Eden schlug vor, die damals in Frankreich in britische Kriegsgefangenschaft geratenen Russen an die Sowjetunion auszuliefern. Das Kabinett beschloß, die Entscheidung zu vertagen.

Als Lord Selborne seinen Widerspruch aufrechterhielt, schickte ihm Eden eine ausführliche Antwort zu, in der es hieß, daß »es nicht unser Wunsch sein kann, uns auf die Dauer mit einer Anzahl von Leuten zu belasten; wenn wir sie nicht zurückschicken, müssen wir entscheiden, was sowohl hier als auch im Nahen Osten mit ihnen geschehen soll«.

Am 4. September 1944 trat das Kriegskabinett zur endgültigen Beratung zusammen. Der Außenminister legte eine Denkschrift vor, die mit der Empfehlung schloß, das Kabinett möge beschließen, der Forderung der Sowjetregierung nachzukommen und die Gefangenen aus dem Vereinigten Königreich und dem Nahen Osten zu repatriieren – unabhängig davon, ob diese Menschen zurückzukehren wünschten oder nicht. Humanitäre Erwägungen – es ging ja auch um Frauen und Kinder – wurden rücksichtslos beiseite geschoben. Der sowjetischen Regierung sollten allerdings Zusicherungen abgefordert werden, die Repatriierten nicht vor Gericht zu stellen oder zu bestrafen (eine Klausel, die später gestrichen wurde). Diesem Vorschlag stimmte auch Lord Selborne zu, was er später wegen der vorgekommenen Unmenschlichkeiten bitter bereuen sollte.

Auf der Konferenz von Moskau Mitte Oktober 1944 schwenkten dann Churchill und Eden ganz auf die russische Linie ein. Es war vor allem Eden, der dafür eintrat, den sowjetischen Wünschen in vollem Umfang zu entsprechen.

Als man auf amerikanischer Seite erfuhr, welchen Standpunkt die britische Regierung einnahm, wies man auf die Genfer Konvention und die möglichen Folgen ihrer Verletzung hin. Auf britischer Seite machten diese Vorstellungen wenig Eindruck. Man behauptete dort, die Zwangsrepatriierung der Russen stelle keinen Verstoß gegen das Kriegsgefangenenrecht dar. Sie hätten jedenfalls keinen Anspruch auf den Schutz der Genfer Konvention. Die Vereinigten Staaten beharrten zunächst auf ihrer Meinung, daß allen Kriegsgefangenen in deutscher Uniform dieser Schutz zu gewähren sei. Ende 1944 schloß sich die amerikanische Regierung aber dem britischen Standpunkt an, das heißt, auch sie erklärte sich jetzt bereit, notfalls Gewalt anzuwenden. Außenminister Stettinius teilte das seinem sowjetischen Amtskollegen Gromyko am 8. November 1944 brieflich mit. George Kennan, der später weltbekannt gewordene amerikanische Diplomat, der damals bei der amerikanischen Botschaft in Moskau tätig war, äußerte später, man habe bei der Botschaft gewußt, was die Heimkehrer bei ihrer Ankunft in der Sowjetunion erwartete. Sie seien alle sofort dem NKWD zugeleitet worden, der für ihre Bestrafung zu sorgen hatte. Über das Verhalten der westlichen Regierungen habe er »Grauen und Beschämung empfunden«.

Kennan war nicht der einzige Beamte im State Department, dem die Entwicklung zuwider war. Auch andere Mitglieder des Außenministeriums betrachteten die Zwangsrepatriierung als unehrenhaft und unmenschlich, sie konnten sich aber nicht durchsetzen. Im Gegensatz dazu ist im Foreign Office in London nie eine abweichende Meinung geäußert worden, und nie hat einer der Beamten – wie Kennan – Bedenken oder sogar Abscheu laut werden lassen.

Bis zur Konferenz von Jalta (Februar 1945) hatte sich der amerikanische Standpunkt dem britischen so weit genähert, daß der Entwurf für ein Abkommen mit der Sowjetunion keinen Hinweis mehr auf die Genfer Konvention enthielt. Stalin drang mit seiner Forderung auf Repatriierung aller Russen hundertprozentig durch. Das Abkommen wurde von den beiden Außenministern am 10. Februar unterzeichnet und am nächsten Tag von dem britischen Kriegskabinett (unter dem Vorsitz Attlees) gebilligt.

Der in Washington amtierende Außenminister Grew hatte gefordert, in das Jalta-Abkommen eine Schutzklausel für alle diejenigen Kriegsgefangenen einzufügen, die nicht repatriiert werden wollten. Außenminister Stettinius lehnte es ab, in Jalta eine solche Einschränkung zu verlangen. Das Abkommen enthielt andererseits keine Wendung, welche eine Zwangsrepatriierung widerstrebender Sowjetbürger vorsah. Im Gegensatz zu den Briten, die durch ihre Abrede vom Oktober 1944 gebunden waren, standen deshalb für die USA noch alle Möglichkeiten frei. Die Frage der Gewaltanwendung blieb bei den Amerikanern bis Kriegsende offen.

In den britischen Streitkräften riefen die eingegangenen Befehle vielerorten Unruhe hervor. Viele Offiziere waren über sie aufgebracht und entsetzt, und es gab Diskussionen darüber, ob man die Befehle ausführen dürfe. Ein Regimentskommandeur äußerte, es sei der gemeinste Befehl, der ihm jemals erteilt worden sei. Am Ende wurden die Befehle aber dann doch ausgeführt, die widerstrebenden Elemente umzingelt und den Russen übergeben. Dem Befehlshaber der Kosakendivision, Ataman Domanow, teilte der Brigadegeneral Musson kurz und bündig mit: »Ich muß Ihnen mitteilen, Sir, daß ich strikten Befehl erhalten habe, die gesamte Kosakendivision an die Sowjetbehörden auszuliefern. Es tut mir leid, Ihnen dies sagen zu müssen, doch ich habe kategorisch Befehl erhalten«. Allein in Österreich wurden dem NKWD 50.000 bis 90.000 Kosaken, dazu ein Troß mit Frauen und Kindern, ausgeliefert. An den Grenzstationen gab es eine Anzahl Selbstmorde. Zum Teil leisteten die vor der Auslieferung Stehenden den britischen Truppen heftigen Widerstand.

Es gibt zahlreiche Berichte, welche Behandlung den Zwangsrepatriierten in Rußland widerfuhr. Solange noch die Feindseligkeiten andauerten, wurden viele der Betroffenen nach kurzer Inhaftierung in die Rote Armee eingegliedert und an die Front geschickt. Nach Kriegsende wurden sie dann vor Gericht gestellt und wegen Landesverrats pauschal zu 25 Jahren Arbeitslager verurteilt. In Workuta fanden sie sich wieder.

In Odessa und Murmansk wurden im Frühjahr 1945 eine große Anzahl Rückkehrer, die auf britischen Schiffen nach Rußland transportiert worden waren, durch Hinrichtungskommandos erschossen. Nachrichten über diese Greueltaten sickerten ziemlich rasch nach Westen durch. Tragödien dieser Art waren Legion. –

Dem Foreign Office wurde frühzeitig – schon 1944 – bekannt, welches Schicksal den Ausgelieferten drohte. Trotzdem wurden die Befehle in keinem Punkt geändert. Im Laufe der Zeit verstärkten die Beamten in Whitehall eher ihre Bemühungen, auch nicht einen Russen entkommen zu lassen: »Wir können es uns nicht leisten, sentimental zu sein«, hatte Eden seinen Mitarbeitern eingeschärft. Das klingt wie ein Ausspruch Himmlers.

Es kann nicht überraschen, daß unter diesen Umständen gegen die Engländer sehr bald der Vorwurf des Verrats erhoben wurde. Mitte der 50er Jahre veröffentlichte der Enkel des Kosakengenerals Krasnow, Nikolai Krasnow, seine Erinnerungen, worin er den Engländern Verrat vorwarf. Diese Erinnerungen reichen von der Auslieferung in Lienz bis zu den Erlebnissen der noch Lebenden in der Hölle von Karaganda. Dieses Buch ist so gut wie unbekannt geblieben. Beachtung haben erst die Bücher von Lord Nicholas Bethell: »The Last Secret. The Delivery to Stalin of over 2 Million Russians by Britain and the US« (New York 1974) und des britischen Staatsangehörigen Graf Nikolai Tolstoy: »Die Verratenen von Jalta« (1977 englisch, 1978 deutsch) gefunden. Durch sie wurde das drei Jahrzehnte sorgsam gehütete Geheimnis durchbrochen und die Angelegenheit publik gemacht. Als der ehemalige Außenminister Anthony Eden 1973 zu einem Interview aufgesucht wurde, behauptete er, er erinnere sich an nichts mehr. War das eine Lüge, oder hatte er die peinlichen Vorgänge aus seinem Bewußtsein verdrängt?

In seinem Geleitwort zu dem Buch des Grafen Tolstoy hat Heinz Höhne erklärt:

> »Dieses Buch erzählt die Geschichte einer Tragödie, die in den Annalen des 20. Jahrhunderts ihresgleichen sucht. Neben der Vernichtung des europäischen Judentums durch eine entmenschte Staats- und Parteimaschinerie gibt es wohl kein bewegenderes Drama als den Leidensweg der zwei Millionen osteuropäischen Menschen, die im Zweiten Weltkrieg an der Seite der deutschen Wehrmacht gegen Stalinismus und kommunistische Zwangsherrschaft kämpften«.

Alexander Solschenizyn hat im »Archipel Gulag« der britischen Diplomatie Heimtücke vorgeworfen und seine Befriedigung darüber geäußert, daß diese Dinge ans Tageslicht gekommen seien. »Endlich ist die Geschichte des grausamen Verrats, den der Westen an Millionen hilfloser Menschen verübte, an den Tag gekommen. Mehr als dreißig Jahre sind seither vergangen, und diese Enthüllungen können keines der Opfer mehr retten, aber sie mögen als Warnung für die Zukunft dienen«. Er hat hinzugefügt, da die öffentliche Meinung in England diese Maßnahmen »weder verhindert hat, noch bereit war, sie anzuprangern und Erklärungen zu fordern«, habe »das gesamte britische Volk eine Sünde begangen«.

Es ist nicht zu bestreiten, daß auch an dieser Tragödie Winston Churchill mitverantwortlich ist (die Hauptverantwortung dürfte allerdings Außenminister Eden und seinen Mitarbeitern anzulasten sein). Noch 1921 hatte er als Kriegsminister die Weisung erteilt: »Kein loyaler Russe darf gegen seinen Willen nach Rußland zurückgeschickt werden«. Jetzt äußerte er: »Wir sollten sie *alle* so schnell wie möglich loswerden«.

Dem Befehl zur Zwangsrepatriierung der Russen lag die Entscheidung des Kriegskabinetts vom 4. September 1944 zu Grunde. Um die volle Bedeutung dieses Verrats am Gedanken des politischen Asyls ermessen zu können, ist es angebracht, sich daran zu erinnern, wie die Amerikaner sich in Korea verhalten haben. Die Nordkoreaner wollten die aus ihrem Gebiet stammenden Kriegsgefangenen ebenfalls zurückhaben. Dieser kategorischen Forderung setzten die Amerikaner eine strikte Weigerung entgegen, und um diese Respektierung des Asylrechts ist zwei Jahre lang erbittert gerungen worden (Beginn der Waffenstillstandsverhandlungen am 10. Juli 1951, Abschluß am 27. Juli 1953). Die Amerikaner setzten sich schließlich mit ihrer Ansicht durch. Warum konnte Großbritannien, das auf seine freiheitliche und humanitäre Tradition so stolz ist, am Ende des Zweiten Weltkriegs nicht ebenso handeln?

Der britische Ostexperte Edward Crankshaw hat die Auslieferung der in britische Hände gefallenen Russen »eines der schändlichsten Kapitel in unserer Vergangenheit« genannt und die »Times« am 20. Februar 1978 von »einer der dunkelsten Stellen in der britischen Geschichte« gesprochen. Graf Nikolai Tolstoy hat sogar gemeint, die Schuldigen müßten vor ein Kriegsverbrechertribunal gestellt werden. Abgesehen davon, daß die meisten der von einem Schuldvorwurf Erfaßten bereits verstorben sein dürften, ist zu dieser Forderung auf Aburteilung zu bemerken, daß ihr rechtliche Bedenken entgegenstehen (auf die an dieser Stelle nicht eingegangen werden kann). Das ändert aber nichts an dem schweren moralischen Vorwurf, der gegen die britische Führung zu erheben ist. Es ist zu begrüßen, daß durch die Diskussion, die Lord Bethell ausgelöst hat, endlich klargestellt worden ist, was hier geschehen ist und wer die Verantwortung dafür trägt.

V. Das Versagen in der Judenfrage

Wie wenig Churchill humanitären Erwägungen zugänglich war, hat sich auch in seiner Einstellung zur Judenfrage gezeigt.

Um das Schicksal der deutschen Juden hat man sich in Großbritannien schon vor dem Krieg wenig gekümmert. Die Nürnberger Gesetze vom 15. September 1935 mit ihren die deutschen Juden so schwer diffamierenden Vorschriften lösten in der internationalen Presse nicht den Proteststurm aus, den sie verdient hätten. Die Londoner »Times« befasste sich in ihrem Leitartikel vom 17. September 1935 hauptsächlich mit der Memelfrage. Die neuen Gesetze wurden zwar als »Rückfall in das Mittelalter« bezeichnet, zugleich aber wurde erklärt, dank ihrer klaren Rechtsvorschriften schlössen sie jetzt wenigstens die Willkür örtlicher Tyrannen aus. Das war alles, was die führende britische Zeitung dazu zu sagen hatte. In der »New York Times«, Ausgabe vom 16. September, wurde die Sache ebenfalls bagatellisiert. Nur die »Washington Post«, Ausgabe vom gleichen Tage, fand einige sehr ernste Worte zu dem Ereignis. Durch rassischen Fanatismus sei jetzt unter ein großes Kapitel in der Geschichte der menschlichen Zivilisation der Schlußpunkt gesetzt worden. Der hier zutage getretenen Entwicklung zur Barbarei müßten sich alle verantwortungsbewußten Menschen widersetzen. Eine wirkliche Protestbewegung blieb aber aus. Hitler und seine radikalen Gefolgsleute konnten sich dadurch nur ermutigt fühlen, in der bisherigen Weise fortzufahren.

Im Jahr nach Verkündung der Nürnberger Gesetze erschienen alle Völker der Welt in Berlin zur Olympiade, als ob nichts geschehen wäre. Am 17. September 1937 ließ sich Churchill wie folgt vernehmen: »Wir haben keine Sympathie für die neuen deutschen Institutionen. Wir bewundern die Behandlung der Juden oder Katholiken nicht. Aber solange sich diese Dinge nur in Deutschland abspielen, gehen sie uns nichts an«. Das waren gefährliche Worte, weil sie Hitler einen *Blankoscheck* in die Hand drückten.

Jüdische Historiker haben in den 70er Jahren umfangreiche Untersuchungen über die Frage veröffentlicht, was Churchill und Roosevelt getan haben, um den mit Vernichtung bedrohten europäischen Juden zu helfen. Es sind dies die Bücher von Bernard Wasserstein: »Britain and the Jews of Europe 1939–1945«, London 1979, und von Henry L. Feingold: »The Politics of Rescue. The Roosevelt Administration and the Holocaust 1938–1945«, New Brunswick 1970. Beide Autoren kommen zu dem Ergebnis, daß die britische und die amerikanische Regierung nicht entfernt das getan haben, was sie bei weniger Gleichgültigkeit und mehr gutem Willen hätten tun können.

Wasserstein räumt ein, daß kein britischer Staatsmann den zionistischen Bestrebungen durch Wort und Schrift mehr Unterstützung habe zuteil werden lassen wie Churchill – leider aber seien es bei ihm Lippenbekenntnisse geblieben. In den entscheidenden Jahren habe er versagt. Wenn alle Anläufe, den so schwer in Bedrängnis geratenen Juden zu helfen, gescheitert seien, dann liege das daran, daß den großen Worten bei ihm nie entsprechende Taten gefolgt seien.

Die Konferenz, die am 6. Juli 1938 auf Anregung des Präsidenten Roosevelt unter Beteiligung von 32 Nationen in Evian zusammentrat, brachte nach Feingold der Judenschaft eine grausame Enttäuschung. In der Tat erklärte sich damals kein einziges Land bereit, eine größere Anzahl jüdischer Flüchtlinge aufzunehmen. Die südamerikanischen Staaten, auf die man besondere Hoffnung gesetzt hatte, erklärten, sie benötigten Landwirte, aber keine Kaufleute, Juristen oder andere Intellektuelle. Und die USA waren nicht bereit, durch Erhöhung der Einwanderungsquote die Notlage zu mildern. Myron Taylor, der Leiter der amerikanischen Delegation, äußerte damals: »Die Zeit ist gekommen, einen größeren Teil der Verantwortung für die Leitung der Komitees auf Britische Schultern zu legen. Britannien ist die größte Kolonialmacht und hat das für die Ansiedlung nötige Land«. So schob einer dem anderen den schwarzen Peter zu. Die Briten aber widersetzten sich als palästinensische Mandatsmacht nach wie vor energisch allen Forderungen, die Einwanderung in das gelobte Land freizugeben. Die Vertreter des Zionismus äußerten nachträglich, die Konferenz von Evian sei nichts als eine Fassade gewesen, hinter der die 32 Mächte ihre mangelnde Bereitschaft zum Handeln geschickt verborgen hätten.

Wie Feingold berichtet, wurde die Situation auf der Konferenz noch dadurch verschärft, daß die von Polen und Rumänien entsandten Beobachter nicht verhehlten, ihre Regierungen möchten bei dieser Gelegenheit die polnischen und rumänischen Juden mit loswerden.

Mangels Bereitschaft, den in Europa unter so schwerem Druck stehenden jüdischen Massen Zuflucht zu gewähren, endete die Konferenz in einer Sackgasse. Der Grund dafür ist nach Feingold in erster Linie in dem passiven Verhalten der angelsächsischen Mächte zu suchen: weder die britische noch die amerikanische Nation »only vaguely felt a moral responsibility towards the refugees«.

Die Konferenz von Evian hatte einen übernationalen Ausschuß ins Leben gerufen, der unter der Leitung von George Rublee, eines Freundes des Präsidenten Roosevelt, stand und ab Herbst 1938 den Versuch unternahm, im Verhandlungswege weiterzukommen. Deutscherseits erklärte man sich zu Verhandlungen bereit. Zum Vertreter des Reiches wurde der damalige Reichsbankpräsident Hjalmar Schacht (1877–1970) bestimmt. Bei seiner ersten Zusammenkunft mit Rublee erklärte Schacht, aus humanitären Gründen müsse schleunigst etwas für die deutschen Juden getan werden, da ihre Position in Deutschland unhaltbar geworden sei. Er – Schacht – sei ein Gemäßigter; die Dinge würden um vieles schlimmer werden, wenn – wie in der sog. Reichskristallnacht – die Radikalen wieder die Oberhand gewönnen. Hitlers persönliche Weisung lautete, die Auswanderung der Juden mit allen Kräften zu fördern.

Schacht trug Rublee folgenden Plan vor: Von den 600.000 Rassejuden im Großdeutschen Reich sollten 200.000 ihres Alters wegen und aus anderen Gründen zunächst im Lande bleiben. 150.000 Erwerbstätige im Alter zwischen 15 und 45 Jahren sollten innerhalb der nächsten drei Jahre zur Auswanderung gebracht werden. Dabei sollten 25% ihres Vermögens (das Gesamtvermögen der deutschen Juden wurde auf 6 Milliarden Reichsmark geschätzt) einem Treuhandfonds überwiesen werden, der den Emigranten Aufbaudarlehen gewähren sollte. Für die 200.000 in Deutschland verbleibenden Juden sicherte Schacht gute Behandlung und finanzielle Hilfe zu. – Zu alledem muß vermerkt werden, daß Schacht im Nürnberger Hauptkriegsverbrecherprozeß freigesprochen worden ist.

Es ist hier nicht der Ort, den Fortgang der Verhandlungen im einzelnen zu schildern. Da Schacht Anfang 1939 Knall und Fall seines Amtes enthoben worden war, trat der Wirtschaftsexperte Helmut Wohlthat an seiner Stelle an die Spitze der deutschen Delegation. Die Verhandlungen wurden weitergeführt, und es kam schließlich zu einer Einigung. Wie positiv man in Washington das Ergebnis beurteilte, geht aus einer Bemerkung des stellvertretenden Außenministers Sumner Welles hervor: »Germany has at last in principle recognized our treaty rights and has offered a plan for the orderly emigration of Jews which was better than we hoped for«.

Es kam nun entscheidend darauf an, das Rublee-Schacht-Abkommen rasch durchzuführen. Das gelang aber nicht, weil nirgendwo Siedlungsräume zur Verfügung standen bzw. die Einwanderung in Palästina verhindert wurde. Nach Feingold wurde schon im Jahre 1939 klar, »daß der Mangel an Siedlungsräumen mehr noch als deutsche Widerspenstigkeit dem Versuch, die Juden aus Deutschland herauszubekommen, im Wege stehen würde«.

Da deutscherseits bis 1942 die Absicht bestand, sich der Juden durch Auswanderung zu entledigen, ließ Heydrich, der Chef der Gestapo, Mitte 1939 mehrere Schiffe mit jüdischen Flüchtlingen beladen und nach der Karibischen See und Latein-Amerika auf Fahrt gehen (gefälschte Einwanderungspapiere gab es auf dem schwarzen Markt). Diesen Schiffen wurde jedoch überall die Landung verweigert. Sie mußten nach Europa zurückkehren.

Genauso scheiterten alle Versuche, Siedlungsräume freizumachen. Als Einwanderungsgebiete wurden ins Auge gefaßt: Latein-Amerika (Brasilien, Venezuela, Costarica und die Dominikanische Republik), Britisch-Guyana, der Belgische Kongo, die Philippinen und Alaska. Expräsident Hoover und Bernard Baruch traten dafür ein, in Afrika ein zweites jüdisches Nationalheim nach Art der USA zu schaffen und dorthin die europäischen Juden umzusiedeln. Als geeignete Gebiete wurden Angola, Äthiopien und Madagaskar bezeichnet. Auch diese Pläne scheiterten am Widerstand der ins Auge gefaßten Staaten. Die Zionisten andererseits waren bereit, Flüchtlinge in jeder Menge aufzunehmen. Hier aber legte sich Großbritannien als Mandatsmacht quer und verhinderte die Anlandung von Flüchtlingstransporten. Es kam dabei zu einigen schweren Schiffskatastrophen: im November 1940 gab es bei einer Explosion auf dem Dampfer »Patria« 267 Tote; im Dezember 1940 ertranken bei dem Untergang des Dampfers »Salvador« 100 bulgarische Juden; am 25. Februar 1942 wurde bei dem Untergang des Schiffes »Struma« von 369 jüdischen Passagieren nur einer gerettet. All das wäre vermieden worden, wenn diese Schiffe nicht von der britischen Polizei an der Landung gehindert worden wären.

Das Scheitern aller Versuche, für die Juden Siedlungsgebiete zu ermitteln, wirkte sich für die europäischen Juden verhängnisvoll aus. Im Januar 1942 wurde auf der sogen. Wannsee-Konferenz der große Kurswechsel beschlossen; er rückte an die Stelle der Auswanderung den Abtransport in den Osten und die Vernichtung.

Im April 1943 wurde auf einer Konferenz auf den Bermudas noch einmal der Versuch unternommen, zu einer Lösung des Aussiedlerproblems zu kommen. Auch er scheiterte. Es konnte nicht einmal eine Lockerung der strengen Einwanderungsbestimmungen in den USA, Großbritannien und dessen Dominions und Kolonien erreicht werden. Mit Hitler in Verhandlungen einzutreten, wurde kategorisch abgelehnt und der Forderung jüdischer Verbände nach Bombardierung von Auschwitz und der nach dort führenden Eisenbahnlinien ebensowenig entsprochen wie dem Vorschlag der polnischen Regierung, zur Vergeltung für die Vorgänge in Auschwitz aus der Luft eine deutsche Stadt auszulöschen (was durch Flugblätter zu erläutern sei). Außenminister Eden erklärte sich entschieden dagegen, weil die Deutschen dann womöglich den Vorschlag machten, sie würden ihre Maßnahmen gegen Juden und Polen einstellen, falls die Alliierten die Bombardierung deutscher Städte einstellten. Darauf könnten sie sich nicht einlassen; die Bombardierung müsse weitergehen. Als sich im letzten Kriegsjahr die Möglichkeit ergab, Zehntausende von Juden aus Ungarn und den Balkanländern freizubekommen, erklärte es Eden als ausgeschlossen, für ihre Aufnahme einen Blankoscheck auszustellen. Hitler fordere dann womöglich das Gleiche für die deutschen Juden. Die Aufnahmefähigkeit seines Landes sei begrenzt, es fehle auch an Schiffsraum. So schwanden die letzten Hoffnungen der Eingeschlossenen dahin.

Daß das Urteil von Henry L. Feingold und Bernard Wasserstein über die Entwicklung der Dinge wenig günstig ist, kann nicht überraschen. Es sei ein überaus bedrückender Eindruck, den die Haltung der USA und Großbritanniens vermittle, sagt Bernard Wasserstein. Der an höchster Stelle vielleicht vorhanden gewesene gute Wille sei durch die Bürokratie in Washington wie auch London frustriert worden.

Wir wissen heute, daß es mit dem von beiden Autoren an höchster Stelle vermuteten guten Willen nicht weit her war. Der 1975 veröffentlichte Buchband, der den gesamten geheimen Briefwechsel zwischen Churchill und Roosevelt aus der Zeit des Krieges enthält, ist 805 Seiten stark und umfaßt nahezu 1700 Briefe (944 von Churchill und 742 von Roosevelt). Nur an einer einzigen Stelle wird darin die Bedrängnis der Juden berührt; es ging dabei um die Frage, was mit den 5.000 bis 6.000 jüdischen Flüchtlingen werden sollte, die in Spanien auf ihren Weitertransport warteten. Von Auschwitz und den Vernichtungslagern im Osten kein Wort. Die amerikanischen Historiker, die den Briefwechsel Roosevelt–Churchill herausgegeben haben, bemerken in ihrem Vorwort: »Roosevelt und Churchill zeigten wenig Interesse an solch verhängnisvollen Gegenständen wie Nazi-Grausamkeiten und dem Schicksal der europäischen Juden«. In einer Anmerkung zu diesem Satz wird noch einmal unterstrichen: »Der verzweifelten Lage der europäischen Juden schenkte die britische Regierung augenscheinlich nicht viel Aufmerksamkeit, und noch weniger tat es Roosevelt«.

Durch die ns. Propaganda ist Roosevelt als willfähriges Werkzeug des Weltjudentums hingestellt worden. Seine Haltung gegenüber den europäischen Juden bestätigt diese Behauptung in keiner Weise. Als Senator Robert Wagner zu Anfang des Jahres 1939 einen Gesetzentwurf einbrachte, der 200.000 deutschen Flüchtlingskindern die Einreise möglich machen sollte, ließ es Roosevelt an der nötigen Unterstützung fehlen, so daß der Entwurf in einem Ausschuß hängen blieb. In Casablanca (Januar 1943) äußerte er sich beifällig über die Berufsbeschränkungen, die in einem Teil des französischen Kolonialreichs den Juden für bestimmte Berufe (Ärzte, Rechtsanwälte usw.) auferlegt worden waren. Er billigte die Maßnahmen, die dazu bestimmt waren, eine Überflutung dieser Berufe zu verhindern. Sie würden, sagte er, »die spezifischen und verständlichen Klagen (ausmerzen), welche die Deutschen gegen

75

die Juden in Deutschland erhoben hätten, nämlich daß über 50% der Juristen, Ärzte, Lehrer, College-Professoren usw. in Deutschland Juden seien, während sie nur einen kleinen Teil der Bevölkerung ausmachten«. – Abgesehen davon, daß diese Zahlenangaben nicht stimmten, ist kaum zu glauben, daß Franklin D. Roosevelt rassistischen Gedankengängen gehuldigt hat. Die Beweise sind aber eindeutig. Die Herausgeber des Geheimen Briefwechsels zwischen Roosevelt und Churchill begnügen sich damit, diese Bemerkungen des Präsidenten »ill-chosen« zu nennen. Sie sind mehr als das – sie sind unbegreiflich.

Feingold und Wasserstein geben antisemitischen Strömungen die Schuld daran, daß es zu Befreiungsaktionen größeren Ausmaßes nicht gekommen ist. Wasserstein schreibt: »Es ist kein Zweifel, daß Antisemitismus während des Krieges in Britannien in der Luft lag, zum Teil als Folge allgemeiner Fremdenfeindlichkeit und Kriegshysterie, zum Teil aus der Einstellung gegen Einwanderer und Klagen über Schwarzmarkt-Aktivitäten und Kriegsgewinnlertum herrührend«. Außenminister Eden machte keinen Hehl daraus, daß ihm die Araber lieber seien als die Juden, und (Labour-)Innenminister Herbert Morrison wollte nur 1000 bis 2000 jüdische Flüchtlinge nach Großbritannien hineinlassen, mit der Begründung, ein Mehr an Permits werde mit hoher Wahrscheinlichkeit gefährliche antisemitische Strömungen hervorrufen.

Nach Henry Feingold war auch in den USA der wachsende Druck antisemitischer Strömungen dafür verantwortlich, daß eine Lockerung des Quotensystems unterblieb. Die öffentliche Meinung war – wie Feingold im einzelnen dargelegt hat – gegen vermehrte Einwanderung jüdischer Flüchtlinge, und die Ministerialbürokratie stimmte mit dieser Einstellung überein. Das bildet die Erklärung dafür, daß die Roosevelt-Administration unzureichend der Forderung entsprach, jüdisches Leben zu retten. Von entscheidender Bedeutung war dabei, daß an der Spitze der zuständigen Abteilung des State Departments ein Mann stand – Breckinridge Long –, der zwar kein Antisemit war, den Juden aber mit Reserve gegenüberstand, weil er unter ihnen viele Anhänger des Kommunismus und eines konspirativen Antinationalismus vermutete. Das Magazin »New Republic« schlug 1941 in einer Reihe von Artikeln Lärm gegen den »weitverbreiteten Antisemitismus unter den Beamten des Außenministeriums«, traf damit aber ins Leere. Für die von prominenten Juden geforderten spektakulären Befreiungsaktionen war jedenfalls im amerikanischen State Department bis 1944 wenig Resonanz vorhanden. Als der Wind kurz vor Kriegsende umschlug, war es zu spät.

Daß die zuständigen Beamten in den britischen und amerikanischen Ministerien so wenig Aktivität entfaltet haben, rührte nicht nur daher, daß es nicht gelang, für die aus Europa wegdrängenden jüdischen Massen Aufnahmegebiete ausfindig zu machen, es lag auch daran, daß den Meldungen aus Osteuropa lange Zeit kein Glaube geschenkt wurde. Man konnte sich nicht vorstellen, daß so etwas möglich sei, hielt die Nachrichten zumindest für stark übertrieben.

Im deutschen Volk dachte man über das, was durch feindliche Rundfunksender ins Land drang, nicht anders. Die Greueltaten, von denen da die Rede war, betrachtete man als Erfindungen der englischen Propaganda. Die aber hatte seit den Greuelmeldungen des Ersten Weltkriegs (abgehackte Kinderhände usw.) die Glaubwürdigkeit eingebüßt. (Der bekannte englische Schriftsteller Arthur Ponsonby hat Ende der 20er Jahre in einem Buch einen Begriff davon vermittelt, welche Lügen und Entstellungen sich die Propagandaämter seines Landes geleistet haben).

Man räumte deshalb im Deutschen Reich vielem von dem, was von drüben kam, keinen Kredit ein. Man glaubte es umso weniger, wenn Vorgänge gemeldet wurden, die außerhalb des Begriffs- und Vorstellungsvermögens des deutschen Menschen lagen. Daß Angehörige des deutschen Volkes Juden umbringen konnten, nur weil sie der jüdischen Rasse angehörten, hielt man für unmöglich. Hier hätte es schon ständiger Flugblattabwürfe und einer weltweiten Protestaktion der neutralen Mächte bedurft (so wie es von führender polnischer Seite angeregt wurde!), um die Mauer des Mißtrauens zu überwinden. Dazu kam es aber leider nicht.

> Daß man auch im feindlichen Ausland den Nachrichten, die aus dem Osten kamen, lange Zeit keinen Glauben geschenkt hat, ist neuerdings von zwei britischen Autoren bezeugt worden. Das sind Walter Laqueur: »Was niemand wissen wollte. Die Unterdrückung der Nachrichten über Hitlers ›Endlösung‹«. Frankfurt 1981 und Martin Gilbert: »Auschwitz und die Alliierten«. München 1982. Rechtzeitige Gegenmaßnahmen sind dadurch verhindert worden.

Der gegebene Ausgangspunkt für eine das Weltgewissen aufrüttelnde Protestaktion wäre die Weihnachtsansprache 1942 von Papst Pius XII. gewesen. In ihr wurden die Dinge deutlich beim Namen genannt. Der Papst beklagte darin »die Hunderttausende, die ohne persönliche Schuld mitunter aus keinem anderen Grund als wegen ihrer Nationalität oder ihrer Abstammung zum Tode verdammt oder fortschreitender Verschlechterung ihrer Lage ausgesetzt wurden«. Er sprach von »Hunderttausenden«, die wegen ihrer Nationalität oder »*wegen ihrer Abstammung*« der Verfolgung und Vernichtung ausgesetzt seien. Es konnte nicht zweifelhaft sein, worauf diese Worte gemünzt waren. Leider fand dieser Appell an die Gewissen der Menschen nicht die erhoffte Resonanz. Die neutralen Mächte regten sich nicht und eine die Welt umspannende und das deutsche Volk alarmierende Aktion unterblieb.

Wäre das deutsche Volk rechtzeitig und glaubhaft ins Bild gesetzt worden, hätte sich mit Sicherheit die gleiche Protestaktion entwickelt wie bei Durchführung des sogen. Euthanasie-Programms. Denn als in den Anfangsjahren des Krieges aufgrund eines Führer-Befehls die deutschen Heil- und Pflegeanstalten durchkämmt und 80.000 bis 100.000 unheilbar Geisteskranke umgebracht wurden, stand die Reichsführung binnen kurzem vor einem Widerstand, der Hitler am 24. August 1941 zwang, die Einstellung der Aktion zu verfügen, wollte er nicht die Kriegführung in Gefahr bringen. Dieser Widerstand ging in erster Linie von den Kirchen aus. Beispielgebend waren damals die Predigten des Bischofs Graf Galen.

Hätte man über die makabren Vorgänge im Osten rechtzeitig im deutschen Volke Klarheit geschaffen, wäre es mit Sicherheit zu einer ähnlichen Protestbewegung gekommen. Männer wie der Bischof von Münster Graf Galen und der württembergische Landesbischof Wurm wären genauso auf die Barrikaden gestiegen wie bei der Euthanasieaktion. Dann aber hätte Hitler – da man sich mitten in einem Krieg befand – auch diesmal nachgeben müssen. Sein Regime wäre durch das Bekanntwerden dieser Vorgänge außerdem derart diskreditiert worden, daß es nicht ohne schwere Erschütterungen abgegangen wäre. Hier sind seitens der Westmächte bedeutende Möglichkeiten nicht beachtet und versäumt worden.

VI. Das Schuldkonto

Es ist ein gewaltiges Schuldkonto, das – aus kontinentaleuropäischer Sicht – auf der Person Churchills lastet. Nach Nationen aufgegliedert sieht es folgendermaßen aus:

1. *Frankreich*. Den Franzosen gegenüber hat er den Überfall auf das Gros der Hochseeflotte bei Oran und Mers-el-Kébir (3. Juli 1940) – mit zahlreichen Toten und bedeutenden Sachschäden zu verantworten. Er trägt auch die Mitverantwortung für die im Frühjahr 1944 ausgeführten Luftangriffe auf Verkehrsanlagen in Frankreich und Belgien, denen Tausende von Nichtkombattanten zum Opfer fielen.

2. *Polen*. Die Polen haben sich darüber zu beklagen, daß er auf der Konferenz von Teheran Stalin den Ostteil ihres Territoriums einschließlich Lemberg und Wilna zugestand, und sich damit in Widerspruch zur Atlantik-Charta setzte.

3. *Die baltischen Staaten*. Durch seine Nachgiebigkeit gegenüber Sowjetrußland besiegelte er (zusammen mit Roosevelt) auch das Schicksal der baltischen

Staaten. Er versäumte es, die Sowjetunion zu einer Zeit, als die alliierten Kriegslieferungen für sie lebenswichtig waren, auf die Grenzen von 1939 festzulegen.

4. *Jugoslawien.* Wie durch Untersuchungen aus neuester Zeit klargestellt worden ist, war es seine Schuld, daß Jugoslawien dem Kommunismus anheimfiel. Denn statt auf General Mihailović setzte er auf Tito und verhinderte damit, daß die antikommunistischen Kräfte die Oberhand gewannen.

5. *Rußland.* Im Urteil der antikommunistisch eingestellten Russen schneidet Churchill nicht besser ab. Von ihnen wird ihm die Auslieferung von ein bis zwei Millionen ihrer Landsleute zum Vorwurf gemacht. Die Meinung und Gefühle dieser Menschen hat am prägnantesten Alexander Solschenizyn zum Ausdruck gebracht:

»In ihren Ländern werden Churchill und Roosevelt als Verkörperung staatsmännischer Weisheit verehrt. Uns hingegen .. offenbarte sich mit frappierender Deutlichkeit ihre notorische Kurzsichtigkeit, ja sogar Dummheit. Wie konnten sie auf ihrem Weg vom Jahre 1941 zum Jahre 1945 auf jegliche Garantie für die Unabhängigkeit der osteuropäischen Staaten verzichten? Wie konnten sie wegen des lächerlichen Kinderspiels um das vierzonale Berlin (ihre künftige Achillesverse zudem) die riesigen Gebiete von Sachsen und Thüringen hergeben? Und welche militärische und politische Räson mag wohl für sie darin gelegen haben, einige hunderttausend bewaffnete und absolut nicht kapitulationswillige Sowjetbürger dem Tod in Stalins Lagern auszuliefern? Man sagt, sie hätten damit für Stalins sicheren Eintritt in den japanischen Krieg gezahlt. Nachdem sie also bereits die Atombombe hatten, Stalin noch dafür zu entlohnen, daß er sich nicht abgeneigt zeigte, die Mandschurei zu besetzen, in China Mao-tse-tung und in der oberen Hälfte von Korea Kim Il-sung in den Sattel zu helfen! Und das sollen weise politische Schachzüge sein?« (Archipel Gulag, S. 251 f).

In einer Rede, Anfang Juli 1975 vor 2500 Gewerkschaftsführern und anderen prominenten Amerikanern gehalten, erhob Solschenizyn zusätzlich gegen Churchill und Roosevelt den Vorwurf, sie hätten durch das »prinzipienlose« Bündnis, das sie 1941 zwischen Demokratie und Totalitarismus schlossen, außerdem aber auch durch ihre Naivität und Leichtfertigkeit auf der Konferenz von Jalta der Expansion des Marxismus-Leninismus unschätzbare Schützenhilfe geleistet. Die Welt des Westens habe schwer dafür zahlen müssen.

6. *Die europäischen Juden.* Die europäischen Juden haben sich darüber zu beklagen, daß Churchill gleichgültig und teilnahmslos zugesehen hat, wie sie der Vernichtung zugeführt wurden.

7. *Deutschland.* Ganz besonderen Grund, sich über den Kriegspremier zu beklagen, haben die Deutschen. Er hat sie mit einer Luftkriegführung überzogen, die allen Gesetzen des Völkerrechts und der Moral Hohn sprach. 600.000 Zivil-

personen, darunter unzählige Frauen und Kinder, waren die Opfer. Man muß ihm auch die Mitschuld an den Vertreibungen anlasten. Konrad Adenauer hat in seinen »Erinnerungen« dazu folgende Feststellung getroffen: »Es sind Untaten verübt worden, die sich den von Nationalsozialisten verübten Untaten würdig an die Seite stellen: 13,3 Millionen Deutsche vertrieben, 7,3 Millionen angekommen, 6 Millionen verschwunden«.

> Daß Churchill auch hier eine große Schuld auf sich geladen hat, ist durch die Bücher von A. de Zayas: »Die Anglo-Amerikaner und die Vertreibung der Deutschen«, München 1977 und H. Nawratil: »Vertreibungsverbrechen an Deutschen«, München 1982, klargestellt worden. Über Churchills Gefühllosigkeit in bezug auf menschliches Leid gibt eine Bemerkung Aufschluß, die er am 12. Dezember 1943 im Unterhaus getan hat: »Die nach unserem Ermessen befriedigendste und dauerhafte Methode ist die Vertreibung. Sie wird die Vermischung von Bevölkerungen abschaffen, die zu endlosen Schwierigkeiten führt ... Man wird reinen Tisch machen. Mich beunruhigen diese gewissen Umsiedlungen nicht, die unter modernen Verhältnissen besser als je zuvor durchgeführt werden können«.

Durch fehlende Flexibilität in der Führung der Kriegs- und Außenpolitik, insbesondere sein Bestehen auf bedingungsloser Kapitulation, verhinderte Churchill einen vernünftigen Abschluß des Krieges. Durch seine starre Ausrichtung auf Vernichtung des Gegners und Zerstückelung und totale Entmachtung Deutschlands verbaute er alle Chancen rechtzeitigen Regimewechsels sowie eines Kompromißfriedens und arbeitete der Sowjetunion in die Hände, die Osteuropa und Teile Mitteleuropas in ihre Gewalt bringen und sich als Weltmacht konstituieren konnte. Indem er auf der Politik der bedingungslosen Kapitulation und der Terrorangriffe beharrte, symbolisiert Winston Churchill nach General Fuller alle Fehler, die Britannien während des letzten Krieges machen konnte. Die Meinung des Militärschriftstellers trifft sich mit der Ansicht, die 1958 in seinen »Reports« der amerikanische General Albert C. Wedemeyer entwickelt hat: »Amerikanern sei gelehrt worden, daß Churchill als großer Staatsmann betrachtet werden müsse. Dieses Urteil erscheine übertrieben bzw. völlig ungerechtfertigt.

In seinem Buch: »Churchill. A study of failure. 1900–1939« (1970) hat der britische Historiker Robert Rhodes James erklärt: »Es ist klar, daß die Zeit für eine vollständige und ausgewogene Würdigung des außergewöhnlich langen, komplexen und umstrittenen Lebens von Winston Churchill noch nicht gekommen ist«.

Wurde er vor 1939 – wie gezeigt – von vielen Menschen in Großbritannien kritisch, ja sogar sehr kritisch beurteilt, so kam nach Kriegsende die Kritik unter dem Einfluß der Euphorie des Sieges fast ganz zum Verstummen. Es entwickelte sich ein Churchill-Mythos, gegen den kaum anzukommen war (und ist).

Durch die Fanfarenstöße von Fulton und Zürich (1946) erschien er als der Vorkämpfer einer europäischen Einigung, und das ließ vergessen, daß er durch eine grundverkehrte Kriegs- und Außenpolitik den Kontinent gerade erst an den Rand des Abgrunds geführt hatte. So konnte der Mythos munter weiterwuchern. Daß Churchill – nach allgemeinem Urteil – in seiner zweiten Amtsperiode wenig erfolgreich war, tat ihm keinen Abbruch.

Erst nach seinem Tode (1965) lebte die Kritik wieder auf, und dann brach sich die Ansicht Bahn, daß das Churchill-Bild einer Überprüfung und Revision unterzogen werden müsse. Erste Ergebnisse liegen schon vor.

In dem 1969 erschienenen Buch »Churchill revised« hat beispielsweise B. Liddell Hart die Meinung vertreten, daß Churchills Beitrag zum Zweiten Weltkrieg überschätzt werde. Echter staatsmännischer Leistung habe seine übertriebene Dynamik im Wege gestanden.

In dem gleichen Buch hat der Historiker A. J. P. Taylor ausgeführt, bei allen Vorzügen, die man Churchill nachsagen müsse, sei es schwer, in ihm ein Element »schöpferischer Staatskunst« (»creative statesmanship«) zu entdecken. Ihm habe vor allem »vision for the future« gefehlt.

Eine sehr kritische Einstellung ist auch in dem Briefwechsel spürbar, den 1976 Major Desmond Morton und der Schriftsteller R. W. Thompson veröffentlicht haben. Morton war vieljähriger Mitarbeiter Churchills und wurde von diesem hoch geschätzt. Am 5. September 1960 schrieb Thompson, am besten passe auf Churchill die Bezeichnung »Super-Journalist«, und wenn man sein Leben auf eine kurze Formel zu bringen versuche, so könne sie nur lauten: »he was a soldier-adventurer-journalist from start to finish«. Das Wort »Staatsmann« erscheint interessanterweise in diesem Zusammenhang nicht. Morton fand diese Charakterisierung großartig.

Deutlicher als alle anderen hat Lord Moran, der Leibarzt, den springenden Punkt erfaßt. Alles, was er sei, schrieb Moran am 29. Oktober 1943 in sein Tagebuch, verdanke Churchill seiner Wortgewalt (es wurde schon auf diese Äußerung hingewiesen). »Ohne dieses Gefühl für das Wort hätte er es im Leben nicht weit gebracht. Denn im Grunde zeichnete er sich weder durch Urteilskraft noch durch Menschenkenntnis noch durch administratives Geschick aus«. Das sagte ein Mann, der ihn in jahrelangem Umgang genau kennengelernt hatte.

ROOSEVELT

Franklin D. Roosevelt wird in den USA – wie schon erwähnt – von Politikern und Historikern noch heute zu den großen Präsidenten gezählt. Wie bei Churchill stellt sich die Frage, ob er nicht überschätzt worden ist. Stutzig macht, daß er bei den Präsidentschaftswahlen immer etwa 80 % der Presse gegen sich gehabt hat, und daß er jedesmal nur gegen schärfste Opposition innerhalb der führenden Schichten seines Landes gewählt worden ist. Wie sind seine Person und seine Leistungen vom kontinentaleuropäischen Standpunkt aus zu beurteilen?

I. Seine Persönlichkeit

Es ist nicht zu bezweifeln, daß Roosevelts Persönlichkeit mit ungewöhnlichen Eigenschaften ausgestattet war – sowohl was seine Intelligenz, wie auch was seinen Willen betraf.

Alle, die mit ihm zu tun gehabt haben, waren von seinem immer rasch zum Kern der Probleme vorstoßenden, beweglichen Intellekt beeindruckt. Sein langjähriger Mitarbeiter, der Richter Samuel Rosenman, hat einmal gesagt: »Ich habe niemals jemanden getroffen, der die Fakten eines komplizierten Problems so rasch und so vollständig erfassen konnte wie er – um sie sogleich auf ihren wesentlichen Kern zurückzuführen«. Das hat auch Roosevelts militärischer Chefberater, Admiral Leahy, bestätigt, und das war der Eindruck aller, die mit ihm in Berührung gekommen sind. Gerühmt wurde auch immer wieder sein »fast fotografisches« Gedächtnis.

Von dem Weg schrittweiser logischer Erarbeitung der Probleme wich er freilich nicht selten ab, um sich auf intuitive Einfälle zu verlassen. »Er liebt es nicht, die Dinge zu Ende zu denken«, sagte Lord Moran von ihm. Eine ins einzelne gehende, gründliche Analyse behagte ihm nicht immer, und bei längeren Vorträgen irrte er leicht ab. Wenn seine Mitarbeiter lange Reihen von Gründen und Gegengründen vor ihm entwickelten, wurde er nicht selten ungeduldig. Erörterungen mit Mitgliedern seines Kabinetts ging er nach Möglichkeit aus dem Wege; er zog es vor, sich von Außenseitern beraten zu lassen, oder er handelte ganz aus eigenem Entschluß.

Nach Angabe seines Kriegsministers Henry L. Stimson (1867–1950, Kriegsminister 1940–45) war seine Administration zu einem beträchtlichen Teil »one-man-government«. Einige seiner wichtigsten außenpolitischen Entscheidungen beruhten auf »einsamen Entschlüssen«. Außenminister Cordell Hull (1871–1955, Außenminister von 1933–44) sagte am 11. März 1944 zu William G.

Bullitt, der Präsident sei von seinen außenpolitischen Beratern isoliert; nicht einmal ihn konsultiere er regelmäßig. Während seiner (Hulls) Außenministerzeit sei nicht ein einziges Mal in einer Frage der auswärtigen Politik ein Kabinettsbeschluß herbeigeführt worden.

> In seinem Buch: »The War Lords« (1976) hat A. J. P. Taylor behauptet, Roosevelt habe in nicht weniger als 22 Fällen (die alle von großer Bedeutung gewesen seien) seine berufsmäßigen Berater übergangen. Plötzlich habe er dann eine Entscheidung verkündet. Diese diktatoriale Eigenmächtigkeit Roosevelts hat Lord Halifax (von 1941 bis 1946 britischer Botschafter in Washington) zu folgendem Urteil geführt: »Ich halte Franklin Roosevelt für keinen sehr großen Mann .. Er war sicherlich ein geschickter Taktiker und scharfsinniger Politiker; aber was er tat, spaltete das amerikanische Volk. Ich wurde einmal in Washington von mehreren republikanischen Senatoren zum Dinner gebeten, wobei ich eine kurze Ansprache zu halten hatte. ›Bevor Sie sprechen, Herr Botschafter‹, sagte man mir, ›sollen Sie wissen, daß jedermann in diesem Zimmer Mr. Roosevelt für einen größeren Diktator hält als Hitler oder Mussolini ..«.

Mit dieser Undiszipliniertheit und Eigensinnigkeit verband sich bei Roosevelt eine immer wieder in Erscheinung tretende Oberflächlichkeit im Denkvorgang. Der bekannte Journalist Arthur Krock, der ihn viele Jahre aus nächster Nähe beobachten konnte, hat hier von »lack of intellectual depth« (Mangel an intellektueller Tiefe) gesprochen. Charles Bohlen, der bedeutende amerikanische Diplomat, hat Roosevelt in seinen »Erinnerungen« »lack of precision« nachgesagt, was sich vor allem außenpolitisch nachteilig ausgewirkt habe. Es habe bei ihm an »attention to detail« gefehlt, und er sei oft nicht zu gründlichem Studium der Akten zu bewegen gewesen.

> Henry L. Stimson vermerkte am 11. September 1944, kurz vor Beginn der zweiten Konferenz von Quebec, in seinem Tagebuch: »Ich bin besonders beunruhigt, daß er (Roosevelt) dorthin geht, ohne irgendeine wirkliche Vorbereitung für die Lösung des zugrundeliegenden fundamentalen Problems, wie man Deutschland behandeln soll«. Bei Gesprächen mit ihm habe man den Eindruck, es fehle bei ihm vollkommen an dem nötigen Studium der anstehenden äußerst schwierigen Fragen. – In die Konferenz von Jalta ging Roosevelt noch schlechter vorbereitet hinein.

Sehr kritisch hat sich auch George Kennan, wie Bohlen ein Diplomat von Weltruf, über Roosevelt geäußert. 1973 erschien im Buchhandel der Briefwechsel zwischen Franklin D. Roosevelt und Botschafter William C. Bullitt. Zu diesem Buch hat Kennan ein Vorwort geschrieben, in dem er dem Präsidenten ebenfalls den Vorwurf mangelnder Gründlichkeit macht. Seine Briefe seien oberflächlich und trivial: Fragen von großer Wichtigkeit würden unzulänglich erörtert. Die Eigenschaften, aufgrund deren Roosevelt während des Krieges eine Verantwortung von einmaligem Ausmaß getragen habe, seien offenbar »primär Qualitäten des Temperaments und nicht des Intellekts gewesen«.

Die hohe Intelligenz Franklin D. Roosevelts war nach übereinstimmender Auffassung ernst zu nehmender Persönlichkeiten mit Hypotheken belastet, die sich nachteilig auf seine Entscheidungen auswirken mußten. Kenntnis- und wissensmäßig war er auf sein hohes Amt nicht gut vorbereitet. Das galt insbesondere für die Wirtschafts-, Sozial- und Außenpolitik. Er hatte da vielerlei nachzuholen. Nach R. G. Tugwell, einem seiner Mitarbeiter aus dem »Brain-Trust«, übernahmen es seine professoralen Gehilfen, die vorhandenen Lücken zu schließen und ihn an strenges, methodisches diszipliniertes und gründliches Denken zu gewöhnen. Sie hatten damit aber nur begrenzten Erfolg.

Roosevelts langjährige Arbeitsministerin Frances Perkins (1882–1965) schildert, daß ihn die ungewöhnliche Dynamik, die ihm eigen war, häufig von einem Einfall zum anderen trieb, in Widersprüche verwickelte und ihm auf die Dauer die Berechenbarkeit raubte.

Sir Alexander Cadogan, der britische Unterstaatssekretär, berichtet, Roosevelts Auftreten habe sowohl in Casablanca (Januar 1943) wie auch in Teheran (November 1943) unüberlegt (»haphazard«) und dilettantisch (»amateurish«) gewirkt. Seine Umgebung habe keinen besseren Eindruck gemacht. Das alles sei erschreckend gewesen.

Unter dem Eindruck der Tatsache, daß der Präsident sich für den Morgenthau-Plan hatte gewinnen lassen, trug Henry L. Stimson in sein Tagebuch ein: »Es ist eine furchtbare Sache, daß die totale Macht in Britannien und den Vereinigten Staaten in den Händen von zwei Männern, Roosevelt und Churchill, liegt, die beide ähnlich sind in ihrer Impulsivität und ihrem Mangel an systematischem Studium«. – Stimson war ein Mann von weltweiter menschlicher und politischer Erfahrung. Er war von 1911 bis 1913 und von 1940 bis 1945 Kriegsminister und von 1929 bis 1933 Außenminister; von 1927 bis 1929 bekleidete er außerdem das Amt des Generalgouverneurs der Philippinen. Wenn ein Mann derartigen Formats zu einem so ungünstigen Urteil kommt, dann will das etwas heißen.

Für die laufenden Aufgaben der Verwaltung besaß Roosevelt nicht viel Eignung. Stimson hat am 28. März 1943 folgendes in seinem Tagebuch festgehalten: »Der Präsident ist der schlechteste (›poorest‹) Verwalter. In der Auswahl der Menschen ist er nicht gut, und er versteht nicht, sie zu koordinieren .. FDR hat eine fast nicht mehr zählbare Anzahl von neuen Posten geschaffen, wobei er an die Spitze eine Menge unerfahrener Männer stellt, die meist aus persönlichen Gründen ernannt worden sind, die dann direkt mit ihm verkehren und leichten Zugang zu ihm haben«. Aus der Rivalität zwischen diesen Leuten zog er Nutzen.

Als für einen Staatsmann ideal angelegt und beschaffen konnte nach alledem die geistige Struktur Franklin D. Roosevelts nicht bezeichnet werden. In den USA gehen die Ansichten darüber auch bis zum heutigen Tag auseinander. Nachdem Oliver Wendell Holmes (1841–1935), ein Mann von großer Weisheit und der bedeutendste und berühmteste amerikanische Jurist des 20. Jahrhunderts, 1933 den neugewählten Präsidenten kennengelernt hatte, äußerte er:

> »ein erstklassiges Temperament, aber nur ein zweitklassiger Intellekt«.

Wenn man unter einem Intellektuellen eine Persönlichkeit versteht, deren Dasein besonders stark von Reflexion und theoretischer Erörterung geprägt wird, so ist sicher, daß Roosevelt diesem Typ nicht zuzurechnen war. Er war ein politischer Manager und als solcher ein Mann der Praxis. Alle Probleme ging er pragmatisch an. Er besaß Kenntnisse auf vielen Gebieten, sie reichten aber nicht in die Tiefe. Er las kaum je ein Buch und interessierte sich auch nicht für Musik und Kunst. Umfassende historische Bildung besaß er nicht – im Gegensatz zu seinem Nachfolger Truman, der nie aufhörte, sein Wissen durch Lektüre zu bereichern.

Was die Willens- und Charakterseite betrifft, so traten bei Roosevelt gleich nach Amtsübernahme zwei Eigenschaften zutage, die Respekt abnötigen: Tatkraft und Entscheidungsfreudigkeit. Die USA waren Anfang 1933 an einem der tiefsten Punkte ihrer Geschichte angelangt. Es gab 13 Millionen Arbeitslose, und alle Banken waren geschlossen. Alle Welt rief damals nach staatlichem Eingreifen und Aktion. Der Publizist Will Rogers kleidete in jenen Tagen die im Lande herrschende Stimmung in folgendes Bonmot: »Hätte Franklin D. Roosevelt die Hauptstadt niedergebrannt, so hätte das Volk gesagt: ›Well, wir bekamen jedenfalls irgendwo ein Feuer angelegt!‹«. Roosevelt verfügte über die Tatbereitschaft und die Willensstärke, die nötig waren, eine Wende herbeizuführen. Der Aufschwung nach 1933 war ihm zu verdanken; das konnte nicht bestritten werden.

Es gehörte Tatkraft besonderer Art dazu, die völlig darniederliegende Wirtschaft aus dem Zustand schwerster Depression herauszuführen. Roosevelt versetzte die Welt durch die Energie, die er dabei entfaltete, in Erstaunen; niemand hätte sie ihm zugetraut. Er wurde durch die Ereignisse einem harten Test unterworfen, und er bestand ihn.

Als erstes mußte der neue Präsident seine Aufgabe darin sehen, der Nation das Selbstvertrauen wiederzugeben. »Das einzige, was wir zu fürchten haben, ist die Furcht selbst«, lautete seine Parole. Der Überwindung der Lähmung, die jeden Unternehmungsgeist hemmte, galt deshalb seine Hauptsorge.

Noch nie hatte das Land einen so tatkräftigen, entscheidungsfreudigen und flexiblen Präsidenten erlebt. Innerhalb von 100 Tagen sandte er 15 Botschaften an den Kongreß und brachte 15 Gesetze zur Annahme. Es wurde von ihm nicht nur ein großes Arbeitsbeschaffungsprogramm, sondern auch ein neues System der sozialen Sicherheit entwickelt.

Für das Reformvorhaben, mit dem Roosevelt die schwere Krise, die die USA damals heimsuchte, weitgehend meisterte, wurde die Bezeichnung »New Deal« geprägt. Dieses Programm, in zwei Hauptphasen zur Durchführung gebracht, veränderte das Gefüge der amerikanischen Gesellschaft (Übergang zum Wohlfahrtsstaat!), führte aber nicht in allen Bereichen zum Erfolg. Hatte es bei Roosevelts erster Wahl 11,5 Millionen Arbeitslose gegeben, so waren es 1937 11,8 Millionen. Allein diese Zahlen deuten an, daß vieles nicht so gelaufen ist, wie es Roosevelt und seine Mitarbeiter erwartet hatten.

Es kann nach alledem auch nicht überraschen, daß Arthur M. Schlesinger, Roosevelts Biograph, zu dem Ergebnis kommt, der Präsident sei überschätzt worden. Beweise für übernatürliche Gaben gebe es bei ihm nicht. Nach 1935 seien ihm denn auch eine Anzahl kaum glaublicher Fehler unterlaufen. Ronald Steel hat in seiner Lippmann-Biographie (»Walter Lippmann and the American Century«. New York 1981, S. 281ff.) geschildert, wie kritisch Roosevelt beurteilt worden ist, als er sich 1932 um das Präsidentenamt bewarb. Zusammen mit vielen führenden Politikern seines Landes rief der bedeutende Journalist damals dazu auf, seine Nomination zu verhindern. Der amerikanische Politologe Richard Hofstadter hat behauptet, es bestehe ein klares Mißverhältnis zwischen Roosevelts Persönlichkeitsstruktur und der Legende, die sich um ihn gerankt habe. Und der Publizist John T. Flynn hat schon wenige Jahre nach Roosevelts Tod von einem »Roosevelt-Mythos« gesprochen, der der Grundlage entbehre und bekämpft werden müsse.

Man kann heute sagen, daß es nicht nur für Kontinentaleuropa, sondern für die ganze Welt auch aus einem anderen Grund besser gewesen wäre, wenn Roosevelt sich 1944 nicht wieder zur Wahl gestellt hätte. Denn er war mindestens seit Frühjahr 1944 ein todkranker Mann. Als er damals von einem Herzspezialisten, dem Marinearzt Dr. Bruenn, untersucht wurde, kam dieser zu dem Ergebnis, daß er es mit einem sehr alten und verbrauchten Menschen mit wenig lebenserhaltenden Kräften zu tun habe. Vielleicht bleibe er noch ein oder zwei Jahre am Leben; er könne aber auch jederzeit sterben. Ein Concilium hervorragender Fachärzte kam zu keinem wesentlich günstigeren Ergebnis. Besonders alarmierend war der hohe Blutdruck des Präsidenten. Er betrug Anfang 1945 230/126 und im März desselben Jahres sogar 300/195.

Der amerikanische Journalist Jim Bishop hat in seinem Buch: »FDR's Last Year. April 1944–April 1945« (New York 1974) alle Phasen der letzten Krankheit des Präsidenten fesselnd beschrieben. Nachdem sich gezeigt hatte, wie bedenklich sein Gesundheitszustand war, wurde er im Mai 1944 in eine Art »semi-retirement« versetzt. Seine Arbeitszeit wurde radikal eingeschränkt, und zwar auf vier Stunden täglich. Telefongespräche wurden ihm ferngehalten und bei Entscheidungen sein Einsatz in der Regel auf Minuten beschränkt.

An die zahlreichen Ärzte, die ihn untersuchten und sich sonst mit ihm beschäftigten, richtete der Präsident nie die Frage, wie es um seinen Gesundheitszustand bestellt sei. Wie Dr. Bruenn in einem 1970 veröffentlichten Bericht erzählt hat, betrachtete sich Roosevelt als einen »Mann des Schicksals« (»a man of destiny«), der einen »job« übernommen habe und an ihn gebunden sei, bis er auslaufe.

Sein Leibarzt, Admiral McIntire, gab Bulletins an die Presse, in denen der besorgniserregende Gesundheitszustand des Präsidenten vor dem Lande verheimlicht wurde. Es wiederholte sich damit, was schon in der Schlußphase der Präsidentenschaft von Woodrow Wilson geschehen war. Mit diesen täuschenden Verlautbarungen konnten alle Bedenken gegen eine vierte Kandidatur für das Amt des Präsidenten aus dem Wege geräumt werden. Dr. Bruenn wußte natürlich, was gespielt wurde, er tat aber nichts, der Wahrheit zum Durchbruch zu verhelfen. Nach dem Kriege (1970) hatte er dafür nur die eine Erklärung: »My advice (in bezug auf eine vierte Amtsperiode) was not required«.

Der Journalist Arthur Krock hatte schon Anfang 1945 den Eindruck, daß er es mit einem Todkranken (»moribund«) zu tun hatte; er sei ein gezeichneter Mann, sagte er.

Bis zur Konferenz von Jalta im Februar 1945 hatte sich der Gesundheitszustand des Präsidenten derart verschlechtert, daß er nicht mehr imstande war, seine Aufgaben als amerikanischer Delegationschef ordnungsgemäß wahrzunehmen. Sir Alexander Cadogan, der britische Unterstaatssekretär, hat darüber geschrieben: Der Präsident »sah nicht wohl aus und war ziemlich schwach. Ich weiß, er war niemals ein Meister des Details, ich hatte aber den Eindruck, daß er während der meisten Zeit wirklich kaum wußte, was los war. Wenn die Reihe an ihm war, in einer Sitzung den Vorsitz zu führen, fehlte es bei ihm an jedem Versuch, die Diskussion in den Griff zu bekommen und sie zu führen. Er saß im allgemeinen stumm dabei, und wenn er einmal mit einer Bemerkung in die Beratungen eingriff, war sie gewöhnlich vollständig irrelevant«.

Die britischen Ärzte waren schockiert, als sie in Jalta den Präsidenten zu Gesicht bekamen. Der Luftwaffenarzt Dr. Daniel Sheehan hat berichtet, der Präsident habe sich augenscheinlich im Endstadium einer schweren Krankheit befunden; vor ihnen habe jedenfalls ein »sterbender Mann« gestanden, der in ein Krankenhaus und nicht auf eine internationale Konferenz gehört habe. Es sei unbegreiflich, daß man ihn nach Jalta habe gehen lassen. Lord Moran, der Leibarzt Churchills, notierte am 7. Februar 1945: »Für den Arzt ist Roosevelt ein schwerkranker Mann. Er hat alle Symptome der Hirnarterienverkalkung in fortgeschrittenem Stadium, so daß ich ihm nur noch wenige Monate gebe. Aber die Menschen schließen die Augen, wenn sie nicht sehen wollen, und die hier versammelten Amerikaner können sich nicht zu der Erkenntnis durchringen, daß es mit dem Präsidenten aus ist«.

Daß die amerikanischen Ärzte den Präsidenten in diesem Zustand an einer Konferenz teilnehmen ließen, die für das Schicksal der Welt von entscheidender Bedeutung war, ist kaum zu begreifen.

Wie ist aber zu erklären, daß Roosevelt selbst aus seinem Zustand nicht die Konsequenzen gezogen hat, die ihm das Gefühl der Verantwortung gegenüber seinem Land und der Welt hätte aufnötigen müssen? Die Erklärung liegt darin, daß er es nicht über sich brachte, die Macht aus den Händen zu geben, wie dies bei »Machtmenschen« nicht selten zu beobachten ist.

Lord Boothby, der bekannte englische Politiker, hat einmal ein führendes Mitglied der Partei des Präsidenten gefragt, ob es wohl ein Ziel gebe, welches das Denken Roosevelts beherrsche. Die Antwort lautete: »Nur eines – im Amt zu bleiben«. Im Jahr 1936 sagte der damalige Vizepräsident Garner voraus: »Roosevelt wird für eine dritte und eine vierte Amtsperiode kandidieren. Er wird das Weiße Haus nicht verlassen, bis er daraus durch den Tod oder eine Wahlniederlage entfernt wird«.

Da er aus gesundheitlichen Gründen nicht mehr imstande war, sein Amt ordnungsgemäß auszufüllen, hätte er von einer vierten Kandidatur unter allen Umständen Abstand nehmen müssen, zumal sich das Land im Kriegszustand befand. Dazu war er jedoch nicht bereit; er wollte um jeden Preis an der Macht bleiben. Diese eigensüchtige und wahrhaft unpatriotische Haltung deutet auf einen peinlichen Charaktermangel hin. Die kontinentaleuropäischen Staaten haben für dieses charakterliche Manko in der Person des führenden Mannes der freien Welt schwer bezahlen müssen. Das wird noch im einzelnen darzustellen sein.

Schwer begreiflich ist auch, daß weder in der Regierung, noch im Kongreß, noch in der Presse jemand am prekären Gesundheitszustand des Präsidenten Anstoß genommen und Lärm geschlagen hat. Man hatte ja bei Woodrow Wilson dasselbe schon einmal erlebt. Man kommt nicht um die Feststellung herum, daß die amerikanische Presse ihr öffentliches Wächteramt damals schlecht wahrgenommen hat. Eine Rolle mag freilich gespielt haben, daß Roosevelt über seine regelmäßigen Radio-Ansprachen (»fireside-chats«) nach wie vor in der Lage war, das ihm eigene Charisma zu entfalten und in den breiten Massen keinen

Verdacht aufkommen zu lassen. Man sah ihn nicht, hörte aber sein wohlklingendes Organ und meinte, im Weißen Haus sei alles in Ordnung. Die ärztlichen Verlautbarungen taten ein übriges, keinerlei Argwohn aufkommen zu lassen.

Während des Wahlfeldzugs von 1944 gab Admiral McIntire drei Bulletins heraus, in denen es jedesmal hieß, der Präsident befinde sich »in perfect health«.

Daß er sich gegen eine starke Gegnerschaft im Lande immer wieder behaupten und durchsetzen konnte, ist nicht zuletzt auf den persönlichen Charme zurückzuführen, den er zu entfalten verstand. Er strahlte Freundlichkeit und Wärme aus. Er verstand es, die Menschen für sich zu gewinnen und zu faszinieren. Churchill hat einmal gesagt, eine Begegnung mit ihm sei »wie das Öffnen einer Flasche Champagner«. Besucher, die zu ihm kamen, hatten fast immer den Eindruck, einer bedeutenden, ungewöhnlichen Persönlichkeit, einem Grandseigneur gegenüberzustehen (einem »big man«, wie es der australische Minister Casey einmal ausgedrückt hat). Sie sahen einen großen, breitschultrigen, stattlichen Mann vor sich, der Energie und Vitalität ausstrahlte und bei jedem Besucher den Eindruck hervorrief, er interessiere sich für seine Sache ganz besonders. Er war auch ein fesselnder Unterhalter und steckte voller Anekdoten. Die negativen Seiten seiner Persönlichkeit pflegten durch das Charisma überdeckt zu werden, das ihm eigen war.

Zu den Schattenseiten von Roosevelt gehörte übrigens auch eine gewisse Gehässigkeit, die insbesondere Herbert Hoover, sein Amtsvorgänger, zu spüren bekam. Roosevelt hat ihn während der zwölf Jahre seiner Präsidentschaft nicht ein einziges Mal um Rat gefragt und ihn auch nie ins Weiße Haus gebeten. (Präsident Truman hat das wiedergutzumachen versucht und Hoover schon einige Wochen nach Amtsübernahme zu sich gebeten. Hoover war darüber so erschüttert, daß er vor Truman in Tränen ausbrach).

Zu den negativen Eigenschaften gehörte auch eine gewisse Eitelkeit, an der vor allem Mrs. Churchill Anstoß nahm. Mit dieser Eitelkeit verbanden sich – nach Arthur Krock – Dünkel und Arroganz.

II. Roosevelts Außenpolitik

Roosevelts Außenpolitik ist – insbesondere für Europa – mit einer ganzen Reihe negativer Posten belastet.

Durch die eigenmächtige Verkündung der Klausel von der bedingungslosen Kapitulation schloß er die Möglichkeit eines Kompromiß- und Verständigungsfriedens aus, verlängerte den Krieg um mehrere Jahre und trieb Millionen von Menschen in den Tod.

Durch die Verschacherung deutscher und polnischer Gebiete übte er Verrat an der Atlantik-Charta, schwächte die Mitte des Kontinents und machte es der Sowjetunion möglich, für Osteuropa und einen Teil Mitteleuropas Hegemonialmacht zu werden. Als besonders verhängnisvoll erwies sich dabei seine falsche Einschätzung Stalins und seiner Absichten. Die oberflächliche und dilettantische Art und Weise, wie er Außenpolitik betrieb, hat Kontinentaleuropa schweren, kaum wiedergutzumachenden Schaden zugefügt.

1. Die Klausel von der bedingungslosen Kapitulation

Auf der Konferenz von Casablanca überraschte Roosevelt am 23. Januar 1943 die Weltöffentlichkeit mit der Erklärung, daß es keine Waffenruhe ohne bedingungslose Kapitulation der Achsenmächte geben werde. Das war eine spontane Äußerung des Präsidenten, der weder die übliche Vorberatung durch die zuständigen Gremien noch eine Konsultation der Verbündeten vorausgegangen waren. Churchill, der bei Abgabe der Erklärung zugegen war, war infolgedessen verdutzt (»startled«). Er widersprach ihr aber weder in der Pressekonferenz, in der sie gefallen war, noch später.

Im angelsächsischen Schrifttum ist nach dem Kriege behauptet worden, in einem amerikanischen Ausschuß und in Regierungskreisen sei im Laufe des Jahres 1942 von bedingungsloser Kapitulation gesprochen worden. Wir wissen heute, daß die Klausel in den *zuständigen* Instanzen nicht vorgeprüft worden ist. Das hat sowohl Admiral Leahy, der oberste militärische Berater des amerikanischen Präsidenten, wie auch Lord Hankey, der langjährige Sekretär des britischen Kabinetts, ausgesagt. Außenminister Bevin hat außerdem erklärt, daß weder das Britische Kabinett noch auch nur das Kriegskabinett konsultiert worden seien. Es handelte sich also um einen eindeutigen Alleingang des amerikanischen Präsidenten – um einen seiner »einsamen Entschlüsse«.

Man ist sich heute darüber einig, daß die Verkündung dieser Klausel eine politische Torheit war. Aus der Fülle der dazu ergangenen Äußerungen seien hier nur einige besonders charakteristische wiedergegeben. Feldmarschall Smuts sagte am 2. Juni 1944 in einer Unterhaltung mit Lord Hankey, bedingungslose Kapitulation zu verlangen, sei eine »ungeheuerliche Dummheit« (awful gaffe). Botschafter Bohlen nannte die Klausel einen der großen Irrtümer des Krieges und begründete das mit den Worten: »Die Feindseligkeiten hätten eher aufgehört, und Tausende von Leben wären gerettet worden, wenn der Präsident nicht auf bedingungsloser Kapitulation bestanden hätte«. Der einstige französische Außenminister Georges Bonnet meint in seinen Erinnerungen (Quai d'Orsay, 1965), die Formel von der bedingungslosen Kapitulation habe Europa schweres Unheil gebracht; der Präsident hätte stattdessen 1943 den Deutschen sagen müssen: »Entledigt Euch Hitlers und der Nazis, dann sind wir bereit, den Krieg einzustellen«. Senator Taft machte 1948 die amerikanische Politik der bedingungslosen Kapitulation dafür verantwortlich, daß Deutschland zerstört und in Europa ein Vakuum geschaffen worden sei, in das die Sowjetunion einrücken konnte. Am 5. Juli 1953 äußerte Feldmarschall Montgomery: »Alles hat in Casablanca begonnen. Bedingungslose Kapitulation bedeutete, daß die russischen Truppen in Deutschland allein einfallen würden«. Geradezu vernichtend ist das Urteil des amerikanischen Generals Wedemeyer, der der Führung der amerikanischen Streitkräfte angehörte. Seine Würdigung der Klausel schließt mit dem Satz: »Statt die deutschen Gegner Hitlers zu ermutigen, zwangen wir alle Deutschen, bis zum letzten zu kämpfen, unter einem Regime, das die meisten von ihnen haßten«. Äußerungen dieser Art können beliebig vermehrt werden.

In der Geschichte hat ein Staats- und Regierungschef selten eine so schlechte Zensur gefunden wie Franklin D. Roosevelt mit seiner im Alleingang beschlossenen und verkündeten Klausel von der bedingungslosen Kapitulation.

2. Der Bruch der Atlantik-Charta

In der Atlantik-Charta ging der Präsident am 14. August 1941 die Verpflichtung ein, jede territoriale Veränderung an den Willen der betroffenen Bevölkerung zu binden. Am 27. Oktober 1942 unterstrich er auf einer Pressekonferenz diese Verpflichtung noch einmal und setzte hinzu, sie finde auf die gesamte Menschheit Anwendung.

Auf der Konferenz von Teheran (28. November bis 1. Dezember 1943), wo die Entscheidung über Europas Nachkriegsgrenzen getroffen wurde, war das alles vergessen. Damals kamen – wie schon erwähnt – Roosevelt, Churchill und Stalin überein, Polen um die Gebiete östlich der Curzon-Linie zu verkürzen und es mit dem östlichen Teil des Deutschen Reiches zu entschädigen. Weiter wurde damals entschieden, daß die Sowjetunion den nördlichen Teil Ostpreußens mit Königsberg als Hafen erhalten solle. Von einer Befragung der betroffenen Menschen und ihrer Regierungen war keine Rede.

In gleicher Unbekümmertheit verfuhr Roosevelt bei seinen Planungen für die Nachkriegsgestaltung Deutschlands. Er war wie Churchill Anhänger einer Aufteilung und Zerstückelung des Deutschen Reiches, und zwar in drei oder vier Staaten. Er fühlte sich als Kenner des Landes, weil er einmal als junger Mann eine Radtour durch Westdeutschland gemacht hatte. Im Februar 1943 ergänzte er seine Pläne durch einen Vorschlag, aus dem man die Irrealität seiner außenpolitischen Vorstellungen erkennen kann. Zwischen der Westgrenze des Reiches und der flandrischen Küste müsse aus Luxemburg, Elsaß-Lothringen, Teilen von Nordfrankreich und den wallonischen Gebieten von Belgien ein neuer Staat namens Wallonien gebildet werden. Seine Mitarbeiter konnten darüber nur den Kopf schütteln.

Roosevelts außenpolitischer Dilettantismus zeigte sich ein Jahr danach erneut, als er auf der Konferenz von Quebec im September 1944 für den Morgenthau-Plan eintrat. Er setzte sich entschieden für Zerstörung der deutschen Schwerindustrie und für die Umwandlung des Reiches in einen Agrarstaat ein. Er äußerte damals: »Deutschland kann glücklich und friedlich von Suppe aus Suppenküchen leben!«. Als er bei seinen Mitarbeitern und in der Presse auf solchen Widerstand stieß, daß er von dem Plan abrücken mußte, äußerte er in aller Naivität, er habe wohl nicht gründlich genug darüber nachgedacht.

Es waren schwere Fehler, die Roosevelt auf außenpolitischem Gebiet unterlaufen sind. Man kann sich nur wundern, daß ihm in seinem Land niemand in den Arm gefallen ist. Die Kontrolle durch die öffentliche Meinung und das Parlament versagte in den USA auch hier.

3. Roosevelt und Stalin

Versagt hat Roosevelt auch im Umgang mit der Sowjetunion. Es fing damit an, daß er versäumte, die Sowjetunion auf klare vertragliche Abmachungen hinsichtlich der europäischen Nachkriegsgrenzen festzulegen. Wie Stalin am 3. September 1941 in einem Brief an Churchill unverhohlen mitteilte, befand sich die Sowjetunion in »tödlicher Gefahr«. Nichts lag näher, als die von Stalin erbetenen Lieferungen an Gegenleistungen und schriftliche Zusicherungen zu binden. Unbegreiflicherweise geschah nichts dergleichen. Dabei hatte William C. Bullitt, der einstige amerikanische Botschafter in Moskau und Paris, den Präsidenten im Sommer 1941 geradezu beschworen, keinerlei Kriegsmaterial ohne schriftliche Zusicherungen zu liefern. Er fand kein Gehör. Senator Taft hat das der Roosevelt-Administration nach dem Kriege bitter zum Vorwurf gemacht.

Geradezu verheerend wirkte sich das blinde Vertrauen aus, das Roosevelt Stalin entgegenbrachte. Auch für ihn war er seit dem Kriegseintritt »the good old Joe«. Mit diesem alten »Bussard« verstehe er, der amerikanische Präsident, besonders gut umzugehen; er meinte, bei ihm durch die Macht seiner Persönlichkeit alles erreichen zu können. Stalins Verbrechen, Roosevelt natürlich nicht unbekannt, waren vergeben und vergessen. Senator La Follette hatte das vorausgesehen. Nach dem Eintritt der Sowjetunion in den Krieg, sagte er, werde man die »größte Reinwaschung der Geschichte« (»the greatest whitewashact of history«) erleben. Stalin wurde jetzt dem amerikanischen Volk als edle, heroische Gestalt vor Augen geführt, die jedes Vertrauen verdiene. »Das Ehrenwort der Sowjetregierung ist so sicher wie die Bibel«, kabelte Botschafter Joseph Davies aus Moskau. Wie aus einem Brief hervorgeht, den Roosevelt am 3. September 1941 an Pius XII. richtete, glaubte er allen Ernstes, die Sowjetunion werde nach gewonnenem Krieg den Grundsatz der Religionsfreiheit proklamieren und den Weg des Fortschritts und der Humanität einschlagen. Ähnlich zuversichtlich äußerte sich Roosevelt gegenüber Averell Harriman. Die Tyrannei werde nicht ewig in Rußland dauern, und dieses so tiefreligiöse Volk werde sich eines Tages gegen die atheistische Ideologie des Sowjet-Kommunismus erheben.

Der Präsident wurde von den verschiedensten Seiten gewarnt, er schlug aber alle Warnungen in den Wind. Besonders nachdrücklich hat das Exbotschafter William C. Bullitt getan. Auf seine Vorstellungen erwiderte der Präsident, Stalin wolle nur Sicherheit für sein Land haben, nicht mehr. Wenn man ihm – ohne auf Gegenleistungen zu bestehen – gebe, was er haben wolle, werde er sich damit begnügen und mit den Westmächten für eine Welt der Demokratie und des Friedens wirken. Auch für Stalin habe der Satz »noblesse oblige« Geltung. Bullitt nahm sofort an dem Wort »noblesse oblige« Anstoß. Man habe es hier doch nicht mit dem Herzog von Norfolk, sondern einem »kaukasischen Bandit« zu tun, der den anderen für einen Esel (»ass«) halte, wenn er ihm etwas umsonst gebe. Stalin sei als Anhänger der Weltrevolution auf Umsturz aller Verhältnisse aus, und deshalb werde er sich nie mit dem zufrieden geben, was er erreicht habe. Der Präsident ließ sich davon nicht überzeugen.

Nach Rückkehr von der Konferenz von Jalta gab der Präsident am 1. März 1945 folgende Erklärung vor dem Kongreß ab: »Ich komme heim .. mit dem festen Glauben, daß wir einen guten Start auf dem Wege zu einer Welt des Friedens gemacht haben – eines Friedens, der auf die sicheren und gerechten Prinzipien der Atlantik-Charta, den Begriff der Menschenwürde und die Garantien der Toleranz und der Religionsfreiheit gegründet ist«.

Erst kurz vor seinem Tode kam Roosevelt die Einsicht, daß er Opfer eines verhängnisvollen Irrtums geworden war. Stalin hatte ihn mit Leichtigkeit überspielt, und zwar schon, als er noch im Vollbesitz seiner Gesundheit war. Als die Vertreter der drei Mächte nach Schluß der Konferenz von Teheran auseinandergingen, glaubte sich der Chef des Britischen Empire-Generalstabs zu der Feststellung befugt: »Diese Konferenz ist vorüber, bevor sie gerade erst begonnen hat. Stalin hat den Präsidenten in die Tasche gesteckt«.

4. Seine Einstellung zum Krieg als Mittel der Politik

Ebenso wie gegen Churchill ist auch gegen Roosevelt der Vorwurf zu erheben, daß er nie an das große Leid gedacht hat, das seine außenpolitischen Entscheidungen über unzählige Menschen und Familien bringen mußten. Jedenfalls gibt es in den Unterlagen, die seine Präsidentschaft betreffen, kaum Belege für humanitäre Überlegungen. In den »Roosevelt-Papers«, seinen Briefen und den Memoiren seiner Mitarbeiter und Zeitgenossen sucht man sie vergebens.

Wie demgegenüber die Haltung eines verantwortungsbewußten Staatsmannes beschaffen ist, läßt sich am Beispiel des Altreichskanzlers Otto von Bismarck zeigen. Für ihn kam ein Krieg immer nur als äußerstes Mittel in Betracht, und er vergaß nie, an die jungen Menschen zu denken, die an der Front für ihr Land Leben und Gesundheit in die Schanze schlagen mußten. Im März 1867 sagte er: »Ich habe auf dem Schlachtfelde, und was noch weit schlimmer ist, in den Lazaretten die Blüte unserer Jugend dahinraffen sehen durch Wunden und Krankheit, ich sehe jetzt aus diesem Fenster gar manchen Krüppel auf der Wilhelmstraße gehen, der heraufsieht und bei sich denkt, wäre nicht der Mann da oben, und hätte er nicht den bösen Krieg gemacht, ich wäre jetzt gesund und bei ›Muttern‹. Ich würde mit diesen Erinnerungen und bei diesem Anblick keine ruhige Stunde haben, wenn ich mir vorzuwerfen hätte, den Krieg leichtsinnig und aus Ehrgeiz oder auch aus eitler Ruhmessucht für die Nation gemacht zu haben«. Am 26. Juni 1884 erklärte er in einer Reichtagsrede: »Jeder Krieg, auch der siegreiche Krieg, ist immer ein großes Unglück für das Land, das ihn führt«. Und bei anderer Gelegenheit sagte er: »Es sollte jeder Minister des Äußeren gezwungen werden, mit ins Feld zu ziehen und namentlich das Elend in den Lazaretten mitanzusehen, dann würde keiner den Krieg leicht nehmen. Wer nur einmal in das brechende Auge eines sterbenden Kriegers geblickt hat, besinnt sich, bevor er einen Krieg anfängt«. Generalfeldmarschall Graf von Moltke, der große deutsche Feldherr (1800–1891), schrieb im Jahr 1881: »Wer möchte in Abrede stellen, daß jeder Krieg, auch der siegreiche, ein Unglück für das eigene Volk ist, denn kein Landerwerb, keine Milliarden, können Menschenleben ersetzen und die Trauer von Familien aufwiegen«.

Von Franklin D. Roosevelt sind Äußerungen dieser Art nicht überliefert. Im Gegenteil – die zynische Art und Weise, in der er von den Luftangriffen auf die deutschen Städte gesprochen hat, läßt erkennen, daß ihn das, was dabei geschehen ist, völlig kalt gelassen hat. Bezeichnend ist ein Brief, den er am 11. April

1943 an Churchill richtete: »Ich war sehr erfreut (›very pleased‹) über die kürzlichen erfolgreichen Bombenangriffe auf Deutschland; wir müssen ihnen eine ständig vermehrte Dosis davon verabreichen. Ich glaube nicht, daß die Deutschen diese Medizin gern haben«. – So spricht man als Staatschef nicht über Aktionen, denen Nacht für Nacht und Tag für Tag unzählige Frauen und Kinder zum Opfer fielen.

Als in den letzten Wochen des Krieges in Europa noch Hunderttausende umkamen und Millionen von Haus und Hof vertrieben wurden, verließ der Präsident seinen Befehlsstand im Weißen Haus, um wie gewohnt in Palm Springs seine Frühjahrskur anzutreten. Der Gedanke an das Chaos in Europa beschäftigte ihn offenbar wenig. Wäre ihm das Schicksal der betroffenen Menschen gegenwärtig gewesen, hätte er auch nicht darauf bestehen können, den Kampf bis zu restloser Zerschmetterung des Feindes fortzusetzen. Er hätte dafür gesorgt, daß weiteres Blutvergießen unterbunden wurde.

Roosevelt hätte sich seinen Amtsvorgänger Thomas Jefferson (1743–1826, Präsident der USA von 1801–1809) vor Augen halten sollen. Als im Jahre 1808 Krieg drohte, schrieb dieser an einen Freund: »Ich denke, *ein* Krieg ist genug für das Leben eines Menschen«. Und als er im Jahre 1809 auf dem Wege nach seinem Ruhesitz war, sagte er in einer Ansprache: »Die Sorge für menschliches Leben und Glück und nicht deren Zerstörung ist das erste und einzig legitime Objekt guter Regierung«.

Wenn in Franklin D. Roosevelt etwas von dieser Einstellung und diesem Geist lebendig gewesen wäre, dann hätte er nicht sein ganzes Sinnen und Trachten darauf richten können, nur ja nicht den Anschluß an den Krieg zu versäumen. Dann hätte er es sich sicher auch gründlich überlegt, ob er sich der allem Völkerrecht und jeder Moral widersprechenden britischen Luftkriegführung anschließen könne. Dann hätte er auch niemals jeden Gedanken an einen Kompromiß- und Verständigungsfrieden verwerfen können.

Heute wissen wir, daß er das heftig widerstrebende amerikanische Volk in den Krieg geradezu hineingezwungen hat. Es läßt sich beweisen, daß es frühzeitig sein Wille war, die USA an der Seite Großbritanniens in den Krieg zu führen.

Zahlreiche Zeugen haben bekundet, daß es von Anfang an Roosevelts Absicht war, in den Krieg einzutreten. Lord Casey, der australische Politiker und spätere Generalgouverneur seines Landes, berichtet in seinen »Erinnerungen«, nach seinem Eindruck sei der Präsident frühzeitig zum Kriegseintritt entschlossen gewesen. Im Juli 1940 äußerte Roosevelt zu William C. Bullitt, »daß der Krieg auf die USA zukomme«. Am 10. Januar 1941 erschien Harry Hopkins, der intime Vertraute Roosevelts, bei dem englischen Premierminister und eröffnete ihm: »Der Präsident ist entschlossen, den Krieg gemeinsam mit Ihnen zu gewinnen«. Unter dem 20. August 1941 notierte General Sir Henry Pownell in seinem Tagebuch, Churchill habe bei der Rückkehr von der Atlantik-Konferenz erzählt, Roosevelt sei Feuer und Flamme für den Eintritt in den Krieg. Er selbst werde ihn nicht erklären, er hoffe aber, Hitler dazu provozieren, etwa einen Zwischenfall herbeiführen zu können, bei dem Hitler um eine Kriegserklärung nicht herumkomme. Zehn Tage vor Pearl Harbor vermerkte Kriegsminister Henry L. Stimson in seinem Tagebuch, Roosevelt habe ihm gegenüber geäußert, es sei amerikanische Politik, Japan dazu zu bringen, die USA anzugreifen.

Die von Roosevelt ins Auge gefaßten Provokationen begannen im Juli 1940 mit der Überlassung von 50 Zerstörern an Großbritannien. Der höchste Militärjurist (Advocate General) der USA wies darauf hin, daß darin eine grobe Verletzung des Völkerrechts liege, der Präsident schob aber alle Bedenken beiseite. Nach Meinung Churchills hätte schon diese eine Handlung eine Kriegserklärung Hitlers gerechtfertigt.

Es folgte das noch einschneidendere Leih- und Pachtgesetz. Aufgrund dieses Gesetzes (vom 11. März 1941) konnten die USA Großbritannien ohne Bezahlung mit kriegswichtigen Gütern versorgen. Diese »Rüstungshilfe« war mit dem Völkerrecht ebenfalls nicht in Einklang zu bringen. Der Senator La Follette bezeichnete das Gesetz damals als eine »Kriegshandlung«, der Kongreßabgeordnete Hamilton Fish sprach sogar von einer »Kriegserklärung«.

Im April 1941 teilte der Präsident dem britischen Premierminister mit, er habe die Absicht, die Patrouillentätigkeit seiner Kriegsschiffe bis zum 25. Meridian auszudehnen. Als Churchills Privatsekretär Colville den amerikanischen Sonderbeauftragten Averell Harriman fragte, ob das Krieg bedeute, erwiderte dieser: »Das ist, was ich hoffe«.

Im September 1941 ordnete der Präsident an, die amerikanischen Kriegsschiffe hätten, wenn sie auf deutsche U-Boote stießen, »auf Sicht zu schießen« (»to shoot on sight«). Das war eine neue schwere Neutralitätsverletzung.

Im Oktober 1941 befahl er schließlich noch die Bewaffnung der Handelsschiffe.

Die USA waren mit diesen Maßnahmen faktisch zum Alliierten Großbritanniens und der Sowjetunion geworden. Hitler ließ sich trotzdem nicht zu einer Kriegserklärung bewegen, und auch der Kongreß blieb bei seiner ablehnenden Haltung. Eine Gallup-Umfrage ergab noch im Jahre 1941, daß 80% der Bevölkerung dafür waren, sich aus dem Krieg herauszuhalten.

Roosevelt fand das, was er suchte, am Ende in Pearl Harbor. Er stellte Japan ein Ultimatum, das keine Regierung annehmen konnte, ohne auf der Stelle hinweggefegt zu werden. Nach allem, was wir heute wissen, war das Ultimatum bewußt darauf angelegt, Japan zum Kriegseintritt zu provozieren. Der Angriff war klar vorausgesehen worden.

Bis es zu Pearl Harbor kam, wurde der Präsident nicht müde, dem amerikanischen Volk ständig zu versichern, daß er nicht daran denke, die USA in einen Krieg zu verwickeln. Diese Versicherungen zogen sich durch die ganze Zeit bis zum 7. Dezember 1941 hin. Man hörte sie aus seinem Munde besonders häufig während des Wahlkampfs des Jahres 1940. So erklärte er noch am 30. Oktober 1940 (also wenige Tage vor der Wahl) in Boston feierlich vor aller Welt: »Euere Jungens sind nicht dabei, in irgendeinen Krieg geschickt zu werden«. Er habe das schon oft gesagt, werde das aber immer wieder betonen.

Da er – wie später festgestellt wurde – ganz andere Absichten im Sinn hatte, konnte die bekannte Publizistin und Diplomatin Clare Boothe Luce über ihn sagen, er sei »der einzige amerikanische Präsident, der uns jemals in den Krieg hineinlog, weil er nicht den politischen Mut hatte, uns hineinzuführen« (»The only American President who ever lied us into war, because he did not have the political courage to lead us into it«). Roosevelt hatte hier skrupellos zum Mittel der Täuschung gegriffen.

Nicht ein einziges Dokument ist überliefert, aus dem man entnehmen könnte, der Präsident habe sich und anderen vor Augen geführt, was ein Krieg humanitär bedeutete – m.a.W. wieviel Menschenleben er kosten würde. Man durfte von einem modernen Staatsmann erwarten, er werde diese Folgen in seine Kalkulationen einbeziehen und überlegen, ob es nicht Mittel und Wege gebe, die angestrebten Ziele ohne Krieg oder mit weniger Verlusten zu erreichen. Nichts dergleichen ist erkennbar. Es war bei Roosevelt nicht anders wie bei Churchill: auch er war bedenkenlos bereit, über Menschenschicksale hinwegzuschreiten, wenn es um die Verwirklichung seiner politischen Ziele ging.

Daß Roosevelt auch nichts für einen Kompromiß- oder Verständigungsfrieden übrig hatte, nachdem die Mission von Sumner Welles gescheitert war, kann nicht überraschen. Wie der amerikanische Historiker Richard W. Steele vor einigen Jahren gezeigt hat, gab es noch 1942 in den USA eine starke Strömung, die einen Verhandlungsfrieden (»negotiated peace«) mit Deutschland forderte. Ihr gehörten u. a. an: MacCormick von der Chicago Tribune, Joseph Patterson von den New York Daily News und William C. Hearst, der einflußreiche Zeitungsmagnat. Andere, wie z. B. Herbert Hoover, hatten vor dem Kriegseintritt gewarnt und prophezeit, wenn die USA in den Krieg einträten und ihn gewännen, hätten sie ihn für Stalin gewonnen. Staatsmännische Haltung sei es demgegenüber, bewaffnet beiseite zu stehen und das gewaltige politische und militärische

Gewicht der USA dann in die Waagschale zu werfen, wenn die Kriegführenden erschöpft und friedensbereit seien.

5. Eine gescheiterte Außenpolitik

Die Außenpolitik Franklin D. Roosevelts endete mit dem gleichen Fehlschlag wie die Winston S. Churchills.

Genau wie Churchill verfolgte Roosevelt das Ziel, das Deutsche Reich zu Boden zu werfen und dann zu zerstückeln, zu entmilitarisieren, wirtschaftlich zu knebeln und unter ständige Kontrolle zu stellen. Schon gleich nach Kriegsende zeigte sich, daß diese Vorstellungen samt und sonders illusionär waren. Sie mußten deshalb aufgegeben werden.

Der Präsident wollte der Welt Demokratie und dauernden Frieden bringen. Stattdessen verloren seit Ende des Krieges demokratische Herrschaftssysteme ständig an Boden, und auf den versprochenen Friedenszustand wartet die Welt noch heute.

Eines der Ziele seines Eingreifens in den Krieg, die Vorherrschaft des Deutschen Reiches in Europa zu brechen, wurde zwar erreicht, an die Stelle Deutschlands trat aber die Sowjetunion, und diese erwies sich schnell als weitaus gefährlicher. Europa steht heute unter Druck wie nie zuvor in seiner Geschichte. Der Koloß im Osten mit seinen 250 Millionen Menschen, seiner gigantischen Rüstung und seiner noch immer wirksamen Ideologie stellt für alle europäischen Staaten, die sich noch der Freiheit erfreuen, eine permanente Bedrohung dar. Damit ist auf allen Fronten das Gegenteil dessen eingetreten, was Roosevelt im Sinne gehabt hatte.

Die Suche nach neuen Wegen begann schon kurz nach Kriegsende. Am 6. September 1946 setzte der damalige Außenminister der USA, James F. Byrnes, in einer aufsehenerregenden programmatischen Rede in Stuttgart der Außenpolitik seines Landes neue Ziele. Von dem, was Roosevelt vorgeschwebt hatte, war nicht mehr die Rede. Kaum jemals hat die Außenpolitik einer Großmacht von heute auf morgen eine solche Wende vollziehen müssen. Man hat nicht mit Unrecht von einem »Bankrott« gesprochen.

III. Das Schuldkonto

Vom kontinentaleuropäischen Standpunkt aus stellt sich die Schuld Roosevelts an der Entwicklung der weltpolitischen Lage seit dem Kriege wie folgt dar:

1. Polen. Roosevelt trägt die Mitverantwortung dafür, daß in Teheran über den Kopf der polnischen Regierung und des polnischen Volkes hinweg ein großer Teil des polnischen Staatsgebiets der Sowjetunion in die Hände gespielt und das Land zu deren Satellitenstaat herabgewürdigt wurde.

2. Die baltischen Staaten. Roosevelt ist mitverantwortlich dafür, daß die baltischen Staaten die Souveränität einbüßten und der Sowjetunion einverleibt wurden.

3. Deutschland. Roosevelt ist mitverantwortlich für die Opfer und Verwüstungen, die durch eine dem Völkerrecht widersprechende, grausame und barbarische Luftkriegführung verursacht wurden. Er schloß sich ihr im Januar 1943 auf der Konferenz von Casablanca ausdrücklich an und machte sie sich zu eigen. Damit wurde der Präsident der USA zum Mittäter eines der schwersten Kriegsverbrechen der Geschichte – mit den Angriffen auf Hamburg und Dresden als Höhepunkten –, denen etwa 600.000 Zivilpersonen, darunter unzählige Frauen und Kinder, zum Opfer gefallen sind. Roosevelt ist auch mitverantwortlich für die allen völkerrechtlichen Gepflogenheiten und der Atlantik-Charta widerstreitende Abtrennung der Ostgebiete des Deutschen Reiches, das dadurch verursachte Flüchtlingselend und die Teilung Deutschlands in eine demokratische und eine kommunistische Hälfte.

4. Rußland. Was die nichtkommunistisch eingestellten Russen Roosevelt vorzuwerfen haben, wurde schon bei Churchill erwähnt. Ihr Wortführer, Alexander Solschenizyn, hat ihm schwere Fehler vorgeworfen und jede staatsmännische Weisheit abgesprochen.

5. Die europäischen Juden. Auch Franklin D. Roosevelt muß sich den Vorwurf gefallen lassen, daß er für jene unglücklichen Menschen, die in Osteuropa der Vernichtung ausgesetzt waren, nichts unternommen hat, was ihnen Hilfe bringen konnte. Er stand ihrem Schicksal ebenso gleichgültig und teilnahmslos gegenüber wie Churchill.

Abschließende Wertung

Es war ein Unglück nicht allein für Europa, sondern für die ganze Welt, daß die angelsächsischen Nationen während des Zweiten Weltkriegs von Männern geführt wurden, die außenpolitisch ihren Aufgaben und ihrer hohen Verantwortung nicht gewachsen waren.

Winston Churchill war außenpolitisch nicht einfallsreich und flexibel genug, das Phänomen Hitler so zu meistern, daß nicht die Mitte Europas in ein Trümmerfeld verwandelt und Millionen unschuldiger Menschen um ihre Heimat, ihre Gesundheit und ihr Leben gebracht wurden. Die von ihm betriebene Außenpolitik hatte dann noch die Folge, daß die Sowjetunion als neue Supermacht auf die Bühne des Weltgeschehens trat und zehn europäische Länder unter ihre Herrschaft brachte. Eine besondere Ironie des Schicksals liegt darin, daß er, dessen Ziel die Erhaltung der Machtstellung Großbritanniens war, zum Totengräber des Empire wurde.

Das moralische Plus, mit dem Großbritannien vielleicht noch in den Krieg eintreten konnte, hat er durch eine allen Normen des internationalen Rechts und der Moral widersprechende barbarische Luftkriegführung radikal verwirtschaftet. Die darauf beruhenden Kriegsverbrechen konnten an Grausamkeit kaum überboten werden. Es will viel heißen, daß ein Mann wie Richard Crossman erklärt hat, die dafür Verantwortlichen hätten auf die gleiche Anklagebank gehört wie die Angeklagten des Nürnberger Hauptkriegsverbrecherprozesses. Schon im Jahr 1913 richtete Churchills Landsmann A. G. Gardiner folgende Warnung an die Briten: »Achtet auf Churchill sollte die Losung unserer Tage sein.. Er wird seinen Namen kräftig in unsere Zukunft schreiben. Achten wir darauf, daß er ihn nicht mit Blut hineinschreibt!«. In die Geschichte der kontinentaleuropäischen Völker hat er seinen Namen mit Strömen von Blut hineingeschrieben!

Im letzten Jahrzehnt seines langen Lebens sind ihm offenbar manchmal Ahnungen gekommen, daß seine historische Rolle nicht so positiv beurteilt werden wird, wie es zeitweise den Anschein hatte. Zu Lord Boothby äußerte er einige Jahre nach dem Zweiten Weltkrieg, das Urteil der Geschichte werde nicht nur die unter seiner Führung errungenen Siege berücksichtigen, sondern auch die politischen Folgen, die sich daraus entwickelt hätten: »Nach dieser Regel bin ich nicht sicher, daß man von mir sagen wird, ich hätte meine Sache gut gemacht« (»Judged by this standard, I am not sure, that I shall be held to have done very well«). Und als an einem seiner letzten Geburtstage seine Tochter Diana davon sprach, was er im Leben doch alles geleistet habe, lautete die bezeichnende Antwort: »Ich habe vieles erreicht, im Endergebnis aber habe ich nichts erreicht« (»I have achieved a great deal to achieve nothing in the end«).

Da seine außenpolitische Wirksamkeit allerorts zu Mißerfolgen geführt hat, ist nicht anzunehmen, daß man ihm für die Ewigkeit das Attribut staatsmännischer Größe zusprechen wird. Er war ein geschickter Redner und ein bedeutender Schriftsteller, aber ein großer Staatsmann war er nicht.

Mit Franklin D Roosevelt verhält es sich nicht anders. Auch ihm sind schwere außenpolitische Fehler anzulasten. Auf außenpolitischem Gebiet unerfahrener als Churchill, oberflächlich, dilettantisch, ohne ausreichende Menschenkenntnis und zu »einsamen Entschlüssen« neigend, wurde er für Europa zum Verhängnis. Daß man ihn trotz schwerster Erkrankung (Blutdruck 300:195) seine innen- und weltpolitische Rolle weiterspielen ließ, ist eine der Unbegreiflichkeiten der neueren amerikanischen Geschichte. Wenn man zusammenfassend würdigt, was er bewirkt und hinterlassen hat, dann kann das Urteil über ihn nur negativ lauten. Ein großer Staatsmann war er auch nicht.

Ausgeglichen bzw. gemildert wurden die Folgen von Roosevelts Außenpolitik durch seinen Nachfolger. Dessen Wahl war ein glücklicher Griff. Harry Truman war der Erbe einer bankrotten Außenpolitik. Dank seiner Klugheit, seiner Energie, seines Realitätssinnes und seines Geschicks in der Wahl seiner Mitarbeiter gab er ihr binnen weniger Jahre ein neues Gesicht und neue Geltung. Die freie Welt konnte aufatmen.

Schrifttums-Nachweise

Zu S. 1: Schlesinger Polls: Appendix zu S. und D. Rosenman: Presidential Style (1976). S. 551.
Zu S. 1: Die Äußerung Attlees ist wiedergegeben bei Longford-Wheeler Bennett: »History Makers« (1973) S. 163.
Zu S. 1: Ch. de Gaulle: Memoiren. Der Ruf (1954) S. 52.
Zu S. 1: R. G. Menzies: Afternoon Light (1967) S. 67ff.
Zu S. 2: Earl of Kilmuir: Political Adventure. Memoirs (1964) S. 165f.
Zu S. 2: Longford aaO. S. 163 ff.
Zu S. 2: Marshs Äußerung ist wiedergegeben in seiner von H. Christopher verfassten Biographie (1959) S. 679.
Zu S. 2: Ismay: The Memoirs (1960) s. 397.
Zu S. 2: Dean Acheson: Present at the Creation (1969) S. 595.
Zu S. 3: Äußerung von Asquith s. A. G. Gardiner in: Churchill a profile, ed. by P. Stansky (1973) S. 52
Zu S. 4: Äußerung Neville Chamberlains bei Martin Gilbert: Winston Churchill. Vol. V (1976) S. 295.
Zu S. 4: Äußerung Baldwins bei Thomas Jones: A diary with letters (1954), Notiz vom 22. 5. 36.
Zu S. 4: Bem. der »Times« wiedergeg. bei Robert Rhodes James: Churchill. A study in failure (1970) S. 153.
Zu S. 4: David Carlton: Anthony Eden. A Biography (1981) S. 159.
Zu S. 4: »Herr-Diener-Verhältnis« B. Liddell Hart: Erinnerungen (1966) S. 268f.; Boothby: Recollections S. 52.
Zu S. 4: »Weisheit«: »He never learned wisdom«. So A. J. P. Taylor in: »Churchill. Four Faces and the man« (1969) S. 21.
Zu S. 4: R. R. James aaO. S. 346.
Zu S. 5: Protest Attlees: John Colville in: »Action this day. Working with Churchill« (1969) S. 117.
Zu S. 5: Notiz Cadogans: Sir Alexander Cadogan: The Diaries 1938 – 1945. Ed. by A. Dilks (1971), Notiz vom 22. 2. 45.
Zu S. 5: Churchill in Potsdam: Cadogan S. 765.
Zu S. 5: The Diaries of Sir Henry Pownell. Vol II (1974) S. 109.
Zu S. 6: William D. Leahy: I was there (1950) S. 398. Über mangelnde Vorbereitung Churchills auch Cadogan S. 756 bis 765.
Zu S. 6: Heinrich Brüning: Briefe und Gespräche 1934–45 (1974). Über Churchill S. 29, 31, 206f., 211, 220, 233.
Zu S. 7: Churchill über Bombardierung von Wohngebieten: Artikel von 1938 (»accursed murderer«) bei M. Gilbert: Churchill Vol. V, S. 937.
Zu S. 7: Urteil Carsons bei Randolph Churchill: Winston S. Churchill Vol. II (1967) S. 451.
Zu S. 7: Asquith: Dazu Roy Jenkins: Asquith (1964) S. 331.
Zu S. 7: Lloyd George. A diary by Frances Stevenson. Ed. by A. J. P. Taylor (1971) S. 52.
Zu S. 8: Bonar Law: Robert Blake: The unknown Prime Minister (1955) S. 233.
Zu S. 8: N. Ch. am 12. 8. 1928: M. Gilbert Vol. V, S. 295.
Zu S. 8: Lady Astor an Baldwin: M. Gilbert Vol V, S. 686.
Zu S. 9: Lord Moran: Churchill. Der Kampf ums Überleben. 1940–1965 (1967) S. 272.
Zu S. 9: Lord Esher: B. Liddell Hart in: »Churchill revised. A critical assessment« (1969) S. 221f.
Zu S. 9: B. Liddell Hart in: Churchill revised S. 221f.
Zu S. 9: A. J. P. Taylor in: »English History 1914–1945« (1965). S. 475.
Zu S. 10: Liddell Hart in: Churchill revised S. 221.
Zu S. 10: C. P. Snow: Variety of men (1968) S. 97.
Zu S. 10: Lebenserinnerungen. S. 459.
Zu S. 10: Brüning aaO. S. 211.
Zu S. 11: Lord Beresford s. Randolph Churchill aaO.

Zu S. 11: Gespräch Moran-Alexander: Moran aaO. S. 80.
Zu S. 11: Admiral Jellicoe: R. R. James: Study in failure S. 80.
Zu S. 11: »Spectator«: R. R. James: Study in failure S. 88.
Zu S. 11: Äußerung Bonar Laws wiedergeg. bei R. Blake aaO. S. 232.
Zu S. 11: Brief Ponsonbys bei Ch. Hassall: A Biography of Edward Marsh (1959) S. 565.
Zu S. 11: Boothby s. M. Gilbert Vol. V S. 823.
Zu S. 12: Pownell: Diaries S. 34.
Zu S. 12: Brief v. 28. 7. 14: R. R. James: Study in failure S. 52f.
Zu S. 12: Äußerung von Keynes: R. R. James: Study in failure S. 333.
Zu S. 12: R. G. Menzies: Afternoon light (1967).
Zu S. 12: Hankey: R. R. James: Study in failure S. 57.
Zu S. 12: Äußerung Morrisons: R. R. James: »Churchill revised« S. 120.
Zu S. 13: Äußerung Wells: R. L. Taylor: Winston Churchill (1952) S. 33.
Zu S. 13: Lord Esher: M. Gilbert Vol. IV S. 21f.
Zu S. 13: B. Liddell Hart: Lebenserinnerungen S. 219.
Zu S. 13: Duff Cooper: Liddell Hart aaO. S. 219.
Zu S. 13: Unterredung v. J. 1936: Liddell Hart aaO. S. 205ff., 209.
Zu S. 14: Dynamik Churchills: dazu die Schrift »Action this day. Working with Churchill« (1969).
Zu S. 14: Die Vorgänge bei der Ernennung sind oft geschildert worden. Dazu z. B. Earl Birkenhead: Halifax (1965) S. 453.
Zu S. 15: Robert Gordon Menzies: Afternoon Light (1967) S. 79ff.
Zu S. 17: Lloyd Georges Bemühungen um einen Friedensschluß: Liddell Hart, Lebenserinnerungen S. 270.
Zu S. 17: Brief Lloyd Georges v. 19. 10. 39 bei Paul Addison: Lloyd George and Compromise Peace (1971) S. 367.
Zu S. 17: Zu den verschiedenen Denkschriften Liddell Harts vgl. dessen Lebenserinnerungen S. 465, 471ff.
Zu S. 17: Lord Lothian s. Addison aaO. S. 383.
Zu S. 18: Menzies am 28. 10. 39 an P. M.: Australian Foreign Policy, ed. by Neale, Vol. 2 (1976) Doc 311.
Zu S. 18: Savage am 5. 11. 39 an P. M., ebendort Doc 326.
Zu S. 18: Menzies am 11. 9. 39 an High Comm., ebendort Doc 218.
Zu S. 19: Briefe an N. Ch.: Ian MacLeod: Neville Chamberlain (1961) S. 278.
Zu S. 19: Parl. Debates, Home of Commons Vol. 352.
Zu S. 19: Über die Mission von Sumner Welles vgl. dessen Buch: »The Time for Decision« (1943).
Zu S. 19: Das Memorandum von Vansittart ist abgedruckt in dem Buch: »For the President. Personal and secret correspondence between FDR and William C. Bullitt« (1973) S. 404f.
Zu S. 20: Lloyd George zu L. H.: Brian Bond: Liddell Hart (1977) S. 131.
Zu S. 20: »Keine Kompromisse in Kriegszeiten«: Churchill hat das mehrfach geäußert. »Weltkrisis« Bd. 2. S. 235 und M. Gilbert Vol. IV S. 123.
Zu S. 20: Erörterung vom 28. 5. 40: Hugh Dalton: The fateful years. Memoirs (1957) S. 335.
Zu S. 21: Bem. Duff Coopers wiedergegb. bei David Carlton: Anthony Eden (1981) S. 197.
Zu S. 21: Unterredung Eden-Stalin: British Foreign Policy in the Second World War. Ed. by Sir L. Woodward Vol. 2 (1971) S. 228ff.
Zu S. 21: Darüber Stanislaw Mikolajczyk: The Rape of Poland (1948) S. 98ff.
Zu S. 22: Die Sikorski-Regierung hatte auf Wiederherstellung der alten Grenzen bestanden. Dazu: »FDR, his personal letters« (1970) S. 1291.
Zu S. 22: Churchill über Deutschland im Dezember 1940: J. Colville: »Action this day« S. 82.
Zu S. 23: Churchills Erklärung in Teheran wiedergegeben bei W. Churchill: Der Zweite Weltkrieg. 5. Bd. 2. Buch S. 48.
Zu S. 23: Stellungnahme Stalins bei Churchill 5. Bd. 2. Buch S. 88.
Zu S. 23: Brief von Ch. an FDR: in: »Roosevelt and Churchill«. Their secret wartime correspondence (1975) S. 444f.
Zu S. 23: Zu der Konferenz von Moskau: Churchill aaO. 6. Bd. 1. Buch S. 284f.

Zu S. 23: »Unrecht im Werden«: Churchill: Der Zweite Weltkrieg 6. Bd. 2. Buch S. 347.
Zu S. 23: Unterredung Edens mit Stalin: British Foreign Policy Vol. 2 (1971) S. 228ff.
Zu S. 24: Boothby: Recollections S. 340.
Zu S. 24: de Tocqueville, zit. bei R. Coulondre: Von Moskau nach Berlin (1950) S. 481.
Zu S. 24: Lord Morley, zit. bei Gooch: Under six reigns (1959) S. 176.
Zu S. 24: Smuts, zit. bei Churchill aaO. 5. Bd. 1. Buch S. 148.
Zu S. 24: Pétain–Darlan: »British Foreign Policy«. Vol 2. (1971) S. 72.
Zu S. 25: Steinzeitalter-Äußerung Churchills usw.: M. Gilbert: Winston Churchill, Vol. IV (1976) S. 276ff., 365f.
Zu S. 25: »Nach dem Krieg« S. 360.
Zu S. 25: Liddell Hart am 1. 10. 43: Brian Bond aaO. S. 8.
Zu S. 25: General Fuller: The Second World War. S. 401.
Zu S. 26: Über den Fall »Jugoslawien« kurze Unterrichtung bei Cadogan, Diaries S. 588f. S. auch Fitzroy MacClean: Escape to Adventure (1950).
Zu S. 27: Rede vom 8. 9. 42: Complete Speeches S. 6674.
Zu S. 27: Eden zu Nicolson: Harold Nicolson: The War Years (1967) S. 421.
Zu S. 27: Churchills Erklärung vor dem Kabinett: Nicholson Bethell: The last secret (1974) S. 34.
Zu S. 27: »Stalin der Große«: Moran aaO. S. 310.
Zu S. 28: Brief Churchills an FDR vom 8. 3. 45: »Roosevelt and Churchill. Their secret wartime correspondence« S. 661.
Zu S. 28: Kabel Churchills vom 13. 3. 45: Der Zweite Weltkrieg. 6. Bd. 2. Buch S. 100.
Zu S. 28: Exposé für Truman: Churchill aaO. 6. Bd. 2. Buch S. 181f.
Zu S. 28: Bedenken Alanbrookes: »Triumph in the West«. A History of the war years based on the diaries of F. M. Lord Alanbrooke. Ed. by Arthur Bryant (1959).
Zu S. 28: Kurswechsel? Erwägungen der Militärs bei E. Barker: Churchill and Eden at war (1978) S. 290.
Zu S. 29: David Irving: The war between the generals (1981) S. 408.
Zu S. 29: Über Vansittart: Ian Colville: Vansittart in office (1965) und Norman Rose: Vansittart: Study of a Diplomat (1978).
Zu S. 31: Über Smuts vgl. St. Roskill: Hankey. Man of secrets, Vol. 3 (1974) S. 593.
Zu S. 31: Greenwood im Unterhaus am 2. 8. 44: House of Commons, Hansard vol. 402 S. 1490.
Zu S. 31: Pownell, Diaries S. 34.
Zu S. 32: Zum Morgenthau-Plan Irving aaO. s. 296ff.
Zu S. 32: Äußerung Smuts: Roskill: Hankey S. 592.
Zu S. 32: Stalin hat besonders die Militärs stark beeindruckt (F. M. Lord Alanbrooke, Admiral Cunningham, Admiral Leahy, General Arnold usw.).
Zu S. 32: Moran aaO. S. 155. (»schiefgegangen«).
Zu S. 33: Cadogan, Diaries S. 706.
Zu S. 33: Cadogan, Diaries S. 708.
Zu S. 33: Boothby: recollections S. 233.
Zu S. 33: Telegramm Churchills an FDR vom 13. 3. 45: James MacGreogor Burns: Roosevelt (1970) S. 583.
Zu S. 33: Churchill 1919: M. Gilbert aaO. Vol. V S. 351.
Zu S. 34: Churchill in Teheran: Streit um die 50.000 Deutschen: Moran aa O. S. 162; Albert Buchanan: The US and World War II (1964) S. 100f.
Zu S. 35: Oran und Mers-el-Kébir: S. W. Roskill: The war at sea 1939–45; Auphan et Jacques Mordal: La marine française pendant la seconde guerre mondiale (1958) S. 173ff.; S. W. Roskill: White ensign. The British navy at war (1960) S. 84 ff. – Verlustzahlen bei S. Roskill: Churchill and the admirals (1977) S. 157.
Zu S. 35: Churchill über Oran: Der Zweite Weltkrieg. 2. Bd. 1. Buch S. 290.
Zu S. 36: Hankey aaO. S. 14ff.
Zu S. 36: Zu der britischen Luftkriegführung im allgemeinen: Sir Charles Webster and Noble Frankland: The Strategic Air Offensive against Germany 1939–45. 4 volumes. London 1961ff.; Denis Richards and Hilary St. George Saunders: Royal Air Force 1939–45. 3 vo-

lumes. London 1952ff.; Anthony Verrier: The Bomber Offensive (1968); Max Hastings: Bomber Command (1979).
Zu S. 37: Rede N. Chamberlains im Unterhaus s. John Grigg: 1943. The Victory that never was (1980) S. 150.
Zu S. 38: Liddell Hart aaO. S. 742.
Zu S. 39: »Nach dem Kriege« S. 432.
Zu S. 39: Unterhaus-Rede Churchills vom 7. 7. 1935: Der Zweite Weltkrieg 1. Bd. 1. Buch S. 186.
Zu S. 39: »accursed air murderer«: s. M. Gilbert aaO. Vol. V. s. 937.
Zu S. 40: Gutachten Slessor: Hastings aaO. S. 55.
Zu S. 41: Sir Arthur Harris über das Ziel der Bombenangriffe: Ian McLaine: Ministry of Morale (1979) S. 161.
Zu S. 41: Verhältnis Harris-Churchill: Webster-Frankland vol. I S. 340ff., 464ff. Harris erzählte während des Krieges Major Morton, daß er die volle Unterstützung Churchills für sein »rücksichtsloses Bombardieren« (»reckless bombing«) genieße (Thompson, R. W.: Churchill and Morton [1976] S. 44).
Zu S. 43: Rede des Bischofs von Chichester am 9. 2. 1944: House of Lords vol. 130 S. 737ff.
Zu S. 44: Liddell Hart: Geschichte des Zweiten Weltkriegs (1970) S. 759.
Zu S. 45: Urteil Boothby: Sunday Express von 1967 (s. auch G. Bergander S. 381 u. 259).
Zu S. 45: »Act of Vandalism«: Fuller: Second World War S. 317.
Zu S. 45: Richard Crossman: »War Crime«, New Statesman vom 3. Mai 1963.
Zu S. 45: Harold Nicolson: »Unworthy of our History«, Observer vom 5. Mai 1965.
Zu S. 46: Über den Aktenvermerk vom 28. 3. 45 und die Reaktion darauf vgl. die eingehende Darstellung bei Denis Richards: Portal of Hungerford (1977) S. 191ff.
Zu S. 46: John Grigg aaO. S. 149.
Zu S. 46: Gardner aaO. S. 283.
Zu S. 47: Liddell Hart aaO. S. 145.
Zu S. 48: Hersch Lauterpacht. British Yearbook of International Law Vol. 29 (1952) S. 368.
Zu S. 48: Gutachten Trenchard: Webster-Frankland vol. IV S. 73f.
Zu S. 50: Stellungnahme Portals zu dem Vorschlag, die Wahrheit zu sagen: Bernard Wasserstein: Britain and the Jews of Europe 1939–1945 (1979) S. 307.
Zu S. 50: Rede Portals vom Herbst 1945: D. Richards aaO. S. 166.
Zu S. 51: Hastings über die moralische Seite der Angelegenheit aaO. S. 123 ff., 173ff. »Die offiziellen Historiker gehen dieser Frage aus dem Wege« (aaO. S. 123).
Zu S. 51: Sir Hartley Shawcross, Prozeß gegen die Hauptkriegsverbrecher. Bd. XIX S. 522.
Zu S. 52: Brief des Marquess of Salisbury: Hastings S. 172.
Zu S. 52: Die Nachweise für die Äußerungen des Generals Fuller finden sich in dem Buch von Anthony John Trythall: ›Boney‹ Fuller. Soldier, Strategist and Writer (1977) S. 225 f.
Zu S. 53: Liddell Hart: Äußerung aus d. J. 1942 bei Brian Bond aaO. S. 145. »Methoden barbarischer Zeiten«: Revolution of Warfare S. 84ff.
Zu S. 53: Fuller aaO. S. 404.
Zu S. 53: Grigg aaO. S. 150.
Zu S. 54: Taylor aaO.
Zu S. 55: Lord Hankey über das Kriegskabinett: St. Roskill: Hankey. Vol. III, S. 511.
Zu S. 55: Lord Beaverbrook über Churchill: Politicians and the war S. 284.
Zu S. 56: Bemerkung Stalins über Erschießung deutscher Kriegsgefangener bei Churchill: Der Zweite Weltkrieg. 5. Bd. 2. Buch S. 48
Zu S. 57: Bemerkung Churchills über die Deutschen: aaO. 1. Bd. 1. Buch S. 32
Zu S. 58: Luftangriffe auf französische Verkehrskontenpunkte: John Ehrman: Great Strategy, Vol. 5 (1956) S. 297; Webster-Frankland Vol. 3 S. 34f.; Maxwell Ph. Schoenfeld: The War Ministry of Winston Churchill (1972) S. 98ff.
Zu S. 58: Besuch Caseys in Chequers: dazu Lord Casey: Personal experience (1962) S. 166 und St. Roskill: Hankey Vol. 3 S. 581.
Zu S. 58: Churchill über seinen Nachtschlaf: Der Zweite Weltkrieg. 1. Bd. 1. Buch 2. Aufl. (1950) S. 317.

Zu S. 59: Bismarck und der Krieg: A. O. Meyer: Bismarck (1944) S. 356ff.
Zu S. 59: Sir Edward Grey und der Krieg: G. M. Trevelyan: Grey of Fallodon (1948) S. 266.
Zu S. 59: Neville Chamberlain und der Krieg: Keith Feiling: The life of Neville Chamberlain (1946) S. 419f.
Zu S. 59: Henry Pelling: Winston Churchill (1974) S. 644.
Zu S. 59: In »Action this day« (1969) sagt John Colville: »He grew indifferent to the sufferings of the German cities« (S. 86).
Zu S. 60: Churchill und Alexander im zerstörten Berlin: Moran aaO. S. 296ff.
Zu S. 60: Vorfall Wavell: Morton in Brief an Thompson in: »Churchill and Morton« S. 175; Bernard Fergusson: Wavell (1961) S. 53.
Zu S. 60: Snow aaO. S. 194.
Zu S. 60: A. J. P. Taylor: Hitler »in principle and doctrine was no more wicked and unscrupulous than many other statesmen«. »The morality of Hitler was very little different from that to the European statesman opposing him«. – Zitate bei Ian Colvin: Vansittart in Office (1965) S. 13.
Zu S. 60: »Selfish brutality«: Morton in: R. W. Thompson aaO. S. 11.
Zu S. 60: Liddell Hart 1942: Brian Bond aaO. S. 142f.
Zu S. 61: General Pile: Brian Bond aaO. S. 146.
Zu S. 61: Churchills »ruthlessness«: Lewin aaO. S. 264ff.; A. J. P. Taylor in: »Churchill revised« S. 336f.
Zu S. 61: Lord Boothby über Churchills Rücksichtslosigkeit: Recollections S. 55f.
Zu S. 61: Mangel an »Seele«: Diary of Harold Nicolron S. 314.
Zu S. 61: Zu dem Fall Sutherland: Mary Soames: Clementine Churchill. The biography of a marriage (1979) S. 588f.
Zu S. 62: »Black dog«: Moran aaO. S. 188 und Anthony Storr in: »Churchill four faces and the man« (1969) S. 203f.
Zu S. 63: Harris aaO. S. 146.
Zu S. 63: Luftmarschall Sir Charles Portal am 3. 12. 42: Hastings S. 180.
Zu S. 63: Richards-Saunders aaO. Vol. 2 S. 271.
Zu S. 64: Über die Einstellung der amerikanischen Luftwaffenoffiziere jetzt eingehend die Studie des amerikanischen Historikers Ronald Schaffer: »American military ethics in WW II. The Bombing of German civilians«. Journal of American History. Vol. 67 (1980) S. 318ff.
Zu S. 64: Sir David Maxwell Fyfe (Lord Kilmuir): Internationaler Militärgerichtshof Bd. X S. 700f.
Zu S. 65: Auslieferung der Russen: dazu die im Text angeführten Bücher von Lord Bethell und Graf Tolstoy.
Zu S. 71: Behandlung der europäischen Juden: dazu die im Text angegebene Literatur.
Zu S. 80: General Fuller über Churchill: Trythall aaO. S. 214.
Zu S. 80: Wedemeyer aaO. S. 91.
Zu S. 80: James aaO. S. IX.
Zu S. 81: Liddell Hart zu der Überschätzung Churchills: aaO. S. 224.
Zu S. 81: »Super-Journalist«: dazu R. W. Thompson aaO. S. 88f.
Zu S. 81: A. J. P. Taylor in: »Churchill revised« S. 59f.
Zu S. 81: Moran unter dem 29. 10. 1943: aaO. S. 142.
Zu S. 82: Gegnerschaft der Presse: Richard W. Steele: American popular opinion and the war against Germany: The issue of negotiated peace. Journal of American History. Vol. 65 (1978/79) S. 704ff.; Ickes, Diary Vol. 1 S. 702; James Mac Gregor Burns: Roosevelt (1970) S. 533; R. G. Menzies: Afternoon Light (1967) S. 133.
Zu S. 82: Samuel Rosenman: Working with Roosevelt (1982) S. 22.
Zu S. 82: William D. Leahy: I was there (1950) S. 9 und 346.
Zu S. 82: »Nicht zu Ende denken«: Moran aaO. S. 248.
Zu S. 82: »One-man-government«: Ickes, Diary Vol. 1 S. 402ff.; Stimson, Diaries S. 533.
Zu S. 83: Halifax über FDR: Moran aaO. S. 795.
Zu S. 83: Arthur Krock: Memoirs (1968) S. 145.

Zu S. 83: Charles E. Bohlen: Witness to History (1973) S. 199ff.
Zu S. 84: Vorbereitung von FDR auf sein Amt: dazu die Roosevelt-Biographie von Arthur M. Schlesinger (1958).
Zu S. 84: Cadogan, Diaries S. 512, 579 u. 586 (»amateurish way«).
Zu S. 84: Die Äußerung Stimsons ist wiedergegeben bei Forest C. Pogue: George C. Marshall (1973) S. 468.
Zu S. 85: Urteil von Oliver Wendell Holmes bei James Mac Gregor Burns: Roosevelt. The lion and the fox (1956) S. 157.
Zu S. 85: FDR uninteressiert an Literatur, Musik und Kunst: S. and D. Rosenman: Presidential Style (1976) S. 541.
Zu S. 85: Über Roosevelts innenpolitische Leistungen vgl. etwa Louis W. Koenig: The Chief Executive (1968) S. 362ff. und Laurin L. Henry: Presidential Transitions (1960) S. 281ff.
Zu S. 85: Zahlen bei John T. Flynn: The Roosevelt Myth (1956) S. 303f.
Zu S. 86: Arthur M. Schlesinger aaO. S. 573.
Zu S. 86: Urteil von Richard Hofstadter: The American political tradition (1964) S. 311f.
Zu S. 86: John T. Flynn in dem oben erwähnten Buch.
Zu S. 86: Über Roosevelts Krankheit unterrichtet am besten das im Text erwähnte Buch von Jim Bishop.
Zu S. 86: Blutdruck: Howard G. Bruenn: Clinical notes on the illness and death of President Franklin D. Roosevelt. Annals of Internal Medicine Vol. 72 (1970) S. 579ff.
Zu S. 86: H. G. Bruenn in Annals of Internal Medicine Vol. 73 (1970) S. 345.
Zu S. 87: McIntire, Ross T.: White House physician (1946) S. 3ff. – Über die drei Bulletins Flynn aaO. S. 398.
Zu S. 87: Cadogan in einem Brief an Lord Halifax vom 20. 2. 45, Diaries S. 717.
Zu S. 87: Krock: Memoirs S. 145.
Zu S. 87: Daniel Sheehan in Annals of Internal Medicine Vol. 73 (1970) S. 355.
Zu S. 87: Eindruck von Lord Moran: Churchill aaO. S. 243.
Zu S. 88: Boothby: Recollections S. 90.
Zu S. 88: Vizepräsident Garners Äußerung bei Flynn aaO. S. 366.
Zu S. 88: Leahy: I was there S. 145.
Zu S. 88: Lord Casey: Personal Experience 1939–1946 (1962) S. 18.
Zu S. 88: Zu den Fire-side-chats: S. und D. Rosenman aaO. s. 334ff.
Zu S. 89: Die Begegnung Hoover-Truman ist eindrucksvoll geschildert bei Merle Miller: Plain speaking (1973) S. 237ff.
Zu S. 89: Auf diesen »Charme« weist auch Curtis B. Dall, der einstige Schwiegersohn Roosevelts in einem Buch hin, das in englischer Fassung unter dem Titel: »FDR, my exploited father in law«, in deutscher unter dem Titel: »Amerikas Kriegspolitik. Roosevelt und seine Hintermänner« (1975) erschienen ist. Ball behauptet darin, der Präsident sei von den nach Profit und Macht strebenden Kräften der Großfinanz mißbraucht worden.
Zu S. 89: Mrs. Churchill über Roosevelts Eitelkeit: Mary Soames aaO. S. 448. Auf Roosevelts Eitelkeit weist auch Jim Flynn S. 286 hin.
Zu S. 90: Keine Vorprüfung (unc. surr.): Leahy aaO. S. 145; Hankey: Politics, trials and errors S. 143. Bevin am 21. 7. 1949 im Unterhaus.
Zu S. 90: Smuts (»awful gaffe«) bei St. Roskill: Hankey Vol. 3. S. 593.
Zu S. 90: Hankey: Politics usw. S. 28ff.
Zu S. 90: Bohlen aaO. S. 157.
Zu S. 91: Georges Bonnet: Quai d'Orsay (1965) S. 21.
Zu S. 91: Senator Taft: Berliner Kurier vom 24. 2. 1948.
Zu S. 91: Feldmarschall Montgomery: Moran aaO. S. 457.
Zu S. 91: General Wedemeyer: Wedemeyer Reports (1958) S. 91ff.
Zu S. 91: Pressekonferenz Roosevelts vom 27. 10. 42: Public Papers and Adresses 1942 vol. (1950).
Zu S. 92: FDR für Zerstückelung Deutschlands: Averell Harriman and Elie Abel: Special Envoy to Churchill and Stalin (1975) S. 227, 280.
Zu S. 92: Wallonien-Projekt Roosevelts: James Mac Gregor Burns aaO. S. 365.

Zu S. 93: Demarchen Bullitts bei FDR: Bullit in »Life« vom 30. 8. 48. Dazu: Beatrice Farnsworth: William C. Bullit and the Soviet Union (1967).
Zu S. 93: Kabel des Botschafters Davies s. Bullitt in »Life«.
Zu S. 94: Erklärung Roosevelts zu Jalta: Flynn aaO. S. 391f.
Zu S. 94: Einstellung Bismarcks: Darüber z. B. Arnold Oskar Meyer: Bismarck (1944) S. 356ff.
Zu S. 94: Äußerung Moltkes: Gesammelte Schriften, 7. Bd. (1892) S. 200.
Zu S. 95: Äußerungen Jeffersons bei Fawn M. Brodie: Thomas Jefferson. An intimate History. New York 1974 S. 2.
Zu S. 95: Lord Casey: Personal Experience S. 18.
Zu S. 95: Äußerung Roosevelts zu Bullitt: Bullitt »Life« vom 30. 8. 48 S. 88ff.
Zu S. 95: Äußerung Hopkins von 1941: Churchill aaO. 3. Bd. 1. Buch S. 40.
Zu S. 96: Diaries S. 37.
Zu S. 96: Stimson aaO.
Zu S. 96: Über die Neutralitätsverletzungen Roosevelts: Warren F. Kimball: The most unsordid act. Lend-Lease 1939–41 (1969); Charles C. Tansill: Die Hintertür zum Kriege. 3 Aufl. (1957) S. 611ff.
Zu S. 96: Über die Vorgänge von Pearl Harbor: Die Angriffe wurden klar vorausgesehen: Brereton Diaries (1946) S. 33.
Zu S. 97: Äußerung von Clare Boothe Luce: Thomas A. Baily: Presidential Greatnes (1967) S. 155.
Zu S. 97: Hoovers Abraten von dem Eintritt in den Krieg: Eugene Lyons: Herbert Hoover. A. Biography (1964) S. 366.
Zu S.100: Äußerung A. G. Gardiners: Pillars of Society (1913) S. 61f.
Zu S.100: Äußerung Churchills gegenüber Boothby: R. R. James: Churchill The Politician. In: Churchill revised (1969) S. 202.
Zu S.100: Äußerung gegenüber seiner Tochter: Sarah Churchill: A threat in the tapistry (1966) S. 17.

Über die kunsthistorische Bedeutung Dresdens vor der Zerstörung: Harald Keller: Die Kunst des 18. Jahrhunderts (1971) S. 47f., 112ff., 194, 197 und 207. Siehe auch Christian Norbey-Schulz: Architekten des Spätbarock und Rokkoko (1975) S. 344.

Nach Abschluß der Korrekturen kam dem Verfasser noch die Schrift von Dietrich Aigner: »Winston Churchill – Ruhm und Legende«, Göttingen 1975 zu Gesicht. Bei aller Kritik, die Aigner äußert, ist sein Gesamturteil über Churchill meines Erachtens zu positiv.

Professor Dr. Erich Schwinge

Jahrgang 1903. 1932 ord. Prof. an der Universität Halle. Später an den Universitäten Marburg, Wien und wiederum Marburg. Experte für Militärstrafrecht und Kriegsvölkerrecht. Von 1947 bis 1959 Verteidiger zahlreicher deutscher Kriegsgefangener vor englischen, italienischen und (vor allem) französischen Militärgerichten. Die von ihm unter dem Pseudonym Maximilian Jacta veröffentlichten 12 Bände »Berühmte Strafprozesse« brachten es auf 5 Übersetzungen und einen Gesamtabsatz von 650 000. Sein Buch »Der Beruf des Juristen« wurde auf Veranlassung des japanischen Justizministeriums ins Japanische übersetzt. Verfasser zahlreicher juristischer und historischer Untersuchungen.

Erich Schwinge

Bilanz der Kriegsgeneration

Ein Beitrag zur Geschichte unserer Zeit

8. durchgesehene und erweiterte Auflage 1982

VIII, 102 Seiten   DM 18,–

Am 20. Oktober 1873 sagte Leopold von Ranke in einer Rede: »Die Aufgabe der Geschichte ist es..., die einseitigen Standpunkte zu überwinden, denn nur in der Wechselwirkung des Entgegengesetzten bewegt sich das Leben des Menschengeschlechts«. Pflicht des Geschichtsschreibers sei »eine allseitige Würdigung der verschiedenen Standpunkte«.

Dieser Pflicht zu allseitiger, ausgewogener und *gerechter* Würdigung der Geschehnisse im Zweiten Weltkrieg hat die zeitgeschichtliche Forschung in der Bundesrepublik Deutschland bisher weitgehend nicht entsprochen. Man braucht nur an die Auswahl der Themen und die Auswertung des vorhandenen Materials zu denken. Das vorliegende Buch stellt einen Versuch dar, diesen unbefriedigenden Zustand zu überwinden. Daß es ein so breites Echo und innerhalb kurzer Zeit eine so große Verbreitung finden konnte, ist ein Beweis dafür, daß es Material und Gedankengänge enthält, die viele im bisherigen Schrifttum schmerzlich vermißt haben. Es rückt erstmalig ins Licht, was die Kriegsgeneration geleistet und was sie erlitten hat. Es wirkt damit zugleich der im Ausland (zum Teil auch im Inland) zu beobachtenden Tendenz entgegen, die gesamte deutsche Geschichte auf die Gestalt Hitlers und die im Dritten Reich verübten Untaten zu fixieren und zu reduzieren.

N. G. ELWERT VERLAG MARBURG